兽药产业发展报告

（2012 年度）

Annual Report on Development of Veterinary Medicine Industry in China

(2012)

中国兽药协会　编著

中国农业出版社

图书在版编目（CIP）数据

兽药产业发展报告．2012年度／中国兽药协会编著．
—北京：中国农业出版社，2014.2
ISBN 978-7-109-18896-9

Ⅰ．①兽…　Ⅱ．①中…　Ⅲ．①兽用药–制药工业–产业发展–研究报告–中国–2012　Ⅳ．①F426.7

中国版本图书馆CIP数据核字（2014）第027606号

中国农业出版社出版
（北京市朝阳区农展馆北路2号）
（邮政编码 100125）
责任编辑　黄向阳　郑　珂

中国农业出版社印刷厂印刷　　新华书店北京发行所发行
2014年3月第1版　　2014年3月北京第1次印刷

开本：880mm×1230mm　1/16　　印张：6.5　　插页：6
字数：170千字
定价：180.00元

目 录

综述 …… 1

生物制品篇

第1章 整体情况 …… 9
1.1 企业数量 …… 9
1.1.1 历年首次通过GMP验收企业数 …… 9
1.1.2 企业规模 …… 9
1.2 生产能力及产能利用率 …… 10
1.3 产品批准文号数量及使用情况 …… 11
1.3.1 总体情况 …… 11
1.3.2 2012年实际使用的产品批准文号 …… 11
1.4 资产规模 …… 12
1.5 人力资源 …… 13
第2章 经济效益 …… 15
2.1 总体情况 …… 15
2.2 不同规模生药企业经济效益 …… 15
2.3 产业集中度 …… 17
2.3.1 综合集中度 …… 17
2.3.2 禽用生物制品集中度 …… 18
2.3.3 猪用生物制品集中度 …… 18
2.3.4 牛、羊用生物制品集中度 …… 18
2.4 生药企业排名与销售额对照表 …… 19
第3章 研发情况 …… 20
3.1 研发成果 …… 20
3.1.1 新兽药数量 …… 20
3.1.2 新兽药名称及研制单位 …… 21
3.2 研发投入 …… 23
3.3 研发人员 …… 23
3.4 研发方式 …… 24

3.5 研发资金使用方向 …… 24
3.6 研发资金投入方式 …… 25
第4章 销售情况 …… 26
4.1 总体情况 …… 26
4.1.1 禽用生物制品 …… 28
4.1.2 猪用生物制品 …… 29
4.1.3 牛、羊用生物制品 …… 31
4.2 强制免疫疫苗 …… 32
4.2.1 基本情况 …… 32
4.2.2 禽用强制免疫疫苗 …… 33
4.2.3 猪用强制免疫疫苗 …… 33
4.2.4 牛、羊用强制免疫疫苗 …… 34
4.3 其他生物制品 …… 34
4.3.1 基本情况 …… 34
4.3.2 主要常规疫苗 …… 35
第5章 进出口情况 …… 37
5.1 进口情况 …… 37
5.2 出口情况 …… 38

化学药品及中药篇

第6章 整体情况 …… 43
6.1 企业数量 …… 43
6.1.1 历年首次通过GMP验收企业数 …… 43
6.1.2 企业规模 …… 44
6.2 资产规模 …… 45
6.3 人力资源 …… 45
6.4 经济效益 …… 46
6.4.1 化药企业产值 …… 46
6.4.2 化药企业销售额 …… 46
6.4.3 化药企业资产利润率 …… 47
6.4.4 化药企业毛利率 …… 47
6.5 销售区域 …… 48
6.6 研发情况 …… 48
6.6.1 研发成果 …… 48
6.6.2 研发投入 …… 51
6.6.3 研发人员 …… 52

6.6.4 研发方式 …… 52
6.6.5 研发资金使用方向 …… 52
6.6.6 研发资金投入方式 …… 53
第 7 章 原料药 …… 54
7.1 生产能力及产能利用率 …… 54
7.2 经济效益 …… 54
7.3 产品批准文号数量及使用情况 …… 55
7.3.1 总体情况 …… 55
7.3.2 主要产品 …… 55
7.4 销售情况 …… 57
7.4.1 总体情况 …… 57
7.4.2 主要产品 …… 57
7.5 产业集中度 …… 60
7.5.1 综合集中度 …… 60
7.5.2 企业排名与销售额对照表 …… 61
第 8 章 化学药品制剂 …… 62
8.1 生产能力及产能利用率 …… 62
8.2 经济效益 …… 62
8.3 产品批准文号数量及使用情况 …… 63
8.3.1 总体情况 …… 63
8.3.2 主要产品 …… 64
8.4 销售情况 …… 67
8.4.1 总体情况 …… 67
8.4.2 主要产品 …… 68
8.5 产业集中度 …… 71
8.5.1 综合集中度 …… 71
8.5.2 企业排名与销售额对照表 …… 72
第 9 章 中药制剂 …… 73
9.1 生产能力及产能利用率 …… 73
9.2 经济效益 …… 73
9.3 产品批准文号数量及使用情况 …… 74
9.3.1 总体情况 …… 74
9.3.2 主要产品 …… 75
9.4 销售情况 …… 78
9.4.1 总体情况 …… 78
9.4.2 主要产品 …… 79
9.5 产业集中度 …… 81

9.5.1 综合集中度 …… 81
9.5.2 企业排名与销售额对照表 …… 82
第10章 进出口情况 …… 83
10.1 进口情况 …… 83
10.2 出口情况 …… 84
10.2.1 原料药 …… 84
10.2.2 化药制剂 …… 87

附录 国内外兽药产业数据比较 …… 90
图表目录 …… 93

综　　述

“兽药行业信息采集工作”是由农业部兽医局组织、中国兽药协会负责具体实施的全国性兽药行业年度发展情况调查工作。目前，在各级兽药管理部门、兽药生产企业的大力支持和积极配合下，2012 年度兽药行业调查工作已顺利完成，并编制了《兽药产业发展报告（2012 年度）》（以下简称《报告》）。在此，谨对为行业调查工作付出辛勤努力的各级兽药管理部门的领导和专家表示衷心的感谢！对企业的大力支持与积极参与表示诚挚的谢意！

与往年相比，2012 年度兽药行业调查及《报告》具有如下突出特点：一是继续加大数据审核力度，严把数据质量关，保证调查数据的准确性；二是在各级兽药管理部门的辛勤努力下，全国平均填报率达到 98.96%，调查数据更具代表性，再上新台阶；三是继承了《兽药产业发展报告（2011 年度）》将生物制品部分的数据与非生物制品（含原料药、化药制剂及中药）部分的数据分开编写的原则，形成了“生物制品篇”和“化学药品[①]及中药篇”；四是《报告》中的企业规模划分采用了工信部最新的划分标准，权威性、专业性、科学性更强；五是今年填报之前将价格区间和产能自动判断等智能化程序导入填报系统中，加大了精准度，提高了时效性。总之，《报告》以翔实的数据和全方位的视角展现了 2012 年度我国兽药行业发展现状，将为行业管理部门制定行业政策以及兽药企业制定企业发展规划提供强有力的数据支持。

一、填报情况

截至 2012 年年底，全国共有兽药生产企业 1 791 家（香港、澳门、台湾未纳入统计范围）。在本次调查中，除 255 家兽药生产企业（停产 70 家、新建 185 家）无法填报数据外，应有 1 536 家兽药生产企业填报，实际共收集到 1 520 家兽药生产企业提交的有效数据，平均填报率为 98.96%。其中，生物制品企业[②] 68 家，化学药品企业[③] 1 452 家。除特别注明外，本报告数据均来自 1 520 家兽药生产企业。

① 化学药品含原料药及化药制剂。

② 生物制品企业简称生药企业。

③ 化学药品企业简称化药企业，含化学药品原料药企业（以下简称原料药企业）、化学药品制剂企业（以下简称制剂企业）和中药制剂企业（以下简称中药企业）。

本次调查，山东、河南、江苏、广东、四川、山西、浙江、江西、北京、湖南、湖北、安徽、广西、黑龙江、天津、重庆、上海、吉林、内蒙古、甘肃、新疆、海南、云南、宁夏、贵州、西藏、青海27个省（自治区、直辖市）的填报率达到或接近100%，各省（自治区、直辖市）填报情况详见表0-1。

表0-1 各省（自治区、直辖市）填报情况一览表

各省（自治区、直辖市）	企业总数/家	完成填报企业数/家	填报率/%
山东	248	248	100
河南	217	217	100
江苏	100	100	100
广东	95	95	100
四川	94	94	100
山西	75	75	100
浙江	67	67	100
江西	58	58	100
北京	47	47	100
湖南	40	40	100
湖北	38	38	100
安徽	36	36	100
广西	32	32	100
黑龙江	28	28	100
天津	26	26	100
重庆	23	23	100
上海	22	22	100
吉林	21	21	100
内蒙古	16	16	100
甘肃	8	8	100
新疆	7	7	100
海南	6	6	100
云南	5	5	100
宁夏	4	4	100
贵州	2	2	100
西藏	1	1	100
青海	1	1	100
河北	131	128	97.71
陕西	32	30	93.75
福建	15	14	93.33
辽宁	41	31	75.61
合计	1 536	1 520	98.96

二、调查结果

（一）兽药产业总体发展状况

1. 总体状况

调查结果显示，2012 年，全国 1 520 家兽药生产企业完成生产总值 436.08 亿元，销售额 401.14 亿元，毛利 118.3 亿元，平均毛利率 29.49%，资产总额 1 016.47 亿元，资产利润率 11.64%，固定资产 412.95 亿元，从业人员 16.29 万人。近五年来，产业整体规模逐步扩大，产值、销售额逐年增长，产值年复合增长率为 17.31%，销售额年复合增长率为 16.21%。

2. 生药企业

68 家生药企业完成生产总值 93.47 亿元，销售额 88.88 亿元，毛利 48.7 亿元，平均毛利率 54.79%，资产总额 180.61 亿元，资产利润率 26.94%，固定资产 59.47 亿元，从业人员 1.8 万人。

3. 化药企业

1 452 家化药企业完成生产总值 342.61 亿元，销售额 312.26 亿元，毛利 69.6 亿元，平均毛利率为 22.29%，资产总额 835.86 亿元，资产利润率 8.33%，固定资产 353.48 亿元，从业人员 14.49 万人。

（二）兽药产业发展效率与质量

1. 企业规模[①]与数量

从企业数量看，1 520 家兽药生产企业以中型企业和小型企业为主。其中，微型企业 96 家，占企业总数的 6.32%；小型企业 557 家，占企业总数的 36.64%；中型企业 823 家，占企业总数的 54.15%；大型企业 44 家，占企业总数的 2.89%。68 家生药企业中，小型企业 4 家，占生药企业总数的 5.88%；中型企业 46 家，占生药企业总数的 67.65%；大型企业 18 家，占生药企业总数的 26.47%。1 452 家化药企业中，微型企业 95 家，占化药企业总数的 6.54%；小型企业 554 家，占化药企业总数的 38.16%；中型企业 777 家，占化药企业总数的 53.51%；大型企业 26 家，占化药企业总数的 1.79%。可见，根据工信部最新划分标准，我国的兽药产业总体上以中型企业为主，生药企业中以大、中型企业为中坚力量，化药企业以中、小型企业为主。

2. 资产指标

从不同规模企业资产总额的分布情况来看，生药企业大、中型企业的资产总额较多，共有 178.23 亿元，占生药企业资产总额的 98.68%；化药企业大、中型企业所拥有资产总额 717.78 亿元，占化药企业资产总额的 85.87%。从不同规模企业固定资产的分布情况来看，生药企业中，中型企业的固定资产较多，共拥有固定资产 29.59 亿元，占生药企业固定资产总额的

① 本文中提到的企业规模均按照工信部标准（工信部联企业［2011］300 号）根据销售额划分，大型企业是年销售额 2 亿元以上（包含 2 亿元）的企业，中型企业是年销售额 500 万至 2 亿元（包含 500 万元）的企业，小型企业是年销售额 50 万至 500 万元（包含 50 万元）的企业，微型企业是年销售额 50 万元以下的企业。

49.76%；化药企业中，中型企业固定资产为215.55亿元，占化药企业固定资产总额的60.98%。从资产指标（资产总额、固定资产）看，不同销售规模兽药生产企业的分布状况明显可以看出大、中型企业的实力。

3. 生产总值与销售额

2012年，生药企业共实现产值93.47亿元，实现销售额88.88亿元，其中大型企业实现销售额63.69亿元，占生药企业总销售额71.66%。化药企业共实现产值342.61亿元，实现销售额312.26亿元。与生药企业不同的是，化药企业中实现销售额最多的是中型企业，实现销售额115.34亿元，占化药企业总销售额的36.94%。可见，生药企业销售额绝大部分由大型企业实现，大型企业优势明显。化药企业中，中型企业优势明显。

4. 毛利

2012年，生药企业共实现毛利48.7亿元。其中，73.64%是由18家大型企业实现的，46家中型企业实现的毛利占生药企业毛利总额的26.32%，4家小型企业实现的毛利仅占生药企业毛利总额的0.04%。化药企业共实现毛利69.6亿元，其中26家大型企业实现的毛利占化药企业毛利总额的35.24%，中型企业实现的毛利占化药企业毛利总额的29.76%。化药企业中，中型企业实现的毛利是所有企业中最多的，其次是大型企业，微型企业和小型企业这两种规模企业的毛利相差不明显。

（三）兽药产业生产能力与产能利用率

1. 生物制品①

2012年，活疫苗生产能力为3 445.8亿羽份/亿头份；灭活疫苗生产能力为553.92亿毫升。活疫苗中，组织毒活疫苗生产能力为2 548.92亿羽份/亿头份，产能利用率34.98%；细胞毒活疫苗生产能力为759.81亿羽份/亿头份，产能利用率14.39%；细菌活疫苗生产能力为137.07亿羽份/亿头份，产能利用率8.51%。灭活疫苗中，组织毒灭活疫苗生产能力为352.35亿毫升，产能利用率47.86%；细胞毒灭活疫苗生产能力为143.1亿毫升，产能利用率30.85%；细菌灭活疫苗生产能力为38.71亿毫升，产能利用率29.53%；基因工程苗生产能力为19.76亿毫升，产能利用率7.24%。

2. 原料药②

2012年，抗微生物药生产能力为9.19万吨，产能利用率57.13%；抗寄生虫药生产能力为1.17万吨，产能利用率47.86%；解热镇痛抗炎药生产能力为0.05万吨，产能利用率20%。

3. 化药制剂③**和中药**④

2012年，片剂生产能力为2.39万吨，产能利用率44.77%；注射液（含大输液）生产能力为5.77亿升，产能利用率9.88%；注射用无菌粉针剂生产能力为1.21万吨，产能利用率

---

① 兽用生物制品简称生物制品。
② 兽用原料药简称原料药。
③ 兽用化药制剂简称化药制剂。
④ 兽用中药简称中药。

19.83%；粉（散）剂预混剂生产能力为93.5万吨，产能利用率42.01%；口服液（合剂）生产能力为4.28亿升，产能利用率22.43%；颗粒剂生产能力为5.04万吨，产能利用率9.52%；消毒药（固体）生产能力为13.75万吨，产能利用率39.13%；消毒药（液体）生产能力为10.31亿升，产能利用率3.98%。

（四）兽药产业市场规模与市场结构

1. 生物制品

2012年，生物制品市场规模（销售额）88.88亿元。按使用动物分，猪用生物制品和禽用生物制品是生物制品的主要组成部分。猪用生物制品市场规模43.92亿元，占生物制品总市场规模的49.41%；禽用生物制品市场规模32.02亿元，占生物制品总市场规模的36.03%。猪用生物制品中，强制免疫疫苗市场规模35.3亿元，占猪用生物制品市场规模的80.37%。禽用生物制品中，强制免疫疫苗市场规模13.68亿元，占禽用生物制品市场规模的42.72%。按疫苗种类分，活疫苗市场规模31亿元，占生物制品总市场规模的34.88%；灭活疫苗市场规模52.8亿元，占生物制品总市场规模的59.41%。

2. 原料药

2012年，原料药市场规模（销售额）100.17亿元。按产品类别分类，抗微生物药市场规模87.64亿元，市场份额87.49%；抗寄生虫药市场规模12.03亿元，市场份额12.01%；解热镇痛抗炎药市场规模0.17亿元，市场份额0.17%；其他原料药市场规模0.33亿元，市场份额0.33%。

3. 化药制剂

2012年，化药制剂市场规模（销售额）168.98亿元。按产品类别分类，抗微生物药市场规模123.77亿元，市场份额73.25%；抗寄生虫药市场规模18.31亿元，市场份额10.84%；消毒药市场规模9.06亿元，市场份额5.36%；水产养殖用药市场规模7.11亿元，市场份额4.21%；解热镇痛抗炎药市场规模3.45亿元，市场份额2.04%；调节组织代谢药市场规模2.44亿元，市场份额1.44%；其他类别化药制剂市场规模4.84亿元，市场份额2.86%。

4. 中药

2012年，中药市场规模（销售额）43.11亿元。按产品剂型分类，散剂市场规模27.36亿元，市场份额63.47%；注射液市场规模6.06亿元，市场份额14.06%；合剂（口服液）市场规模5.69亿元，市场份额13.2%；片剂市场规模0.58亿元，市场份额1.35%；颗粒剂市场规模3亿元，市场份额6.96%；酊剂市场规模0.07亿元，市场份额0.16%；浸膏剂/流浸膏剂市场规模0.28亿元，市场份额0.65%；其他剂型中药的市场规模0.07亿元，市场份额0.16%。

5. 进口情况

2012年进口兽药产品销售额11.46亿元。按产品类别分类，生物制品6.57亿元，占进口总额的57.33%；药物饲料添加剂3.18亿元，占进口总额的27.75%；抗微生物药1.15亿元，占进口总额的10.03%；抗寄生虫药0.39亿元，占进口总额的3.4%；其他化学药品0.17亿元，占进口总额的1.49%。按使用动物分类，猪、牛、羊用药品5.08亿元，占进口总额的44.56%；

禽用药品 3.34 亿元，占进口总额的 29.3%；宠物及其他用药品 2.98 亿元，占进口总额的 26.14%。

6. 出口情况

2012 年，兽药产品出口额为 37 亿元，其中生物制品出口额 0.65 亿元，原料药出口额 23.77 亿元，化药制剂出口额 12.58 亿元。生物制品出口 6 个国家，按使用动物分，禽用生物制品出口额 0.4 亿元，占生物制品出口额的 61.54%；猪用生物制品 0.25 亿元，占生物制品出口额的 38.46%。原料药出口 54 个国家，按产品类别分，抗微生物药出口 20.42 亿元，占原料药出口额的 85.89%；抗寄生虫药出口 3.32 亿元，占原料药出口额的 13.98%；解热镇痛药和中枢兴奋药出口 0.03 亿元，占原料药出口额的 0.13%。化药制剂出口国 43 个，按产品类别分，抗微生物药出口 8.82 亿元，占化药制剂出口额的 70.11%；抗寄生虫药出口 3.76 亿元，占化药制剂出口额的 29.89%。

（五）兽药产业集中度

2012 年，生物制品总销售额为 88.88 亿元。销售额排名前 10 位的企业的销售额为 44.25 亿元，占生物制品总销售额的 49.79%。

2012 年，原料药总销售额 100.17 亿元。销售额排名前 10 位的企业的销售额为 49.59 亿元，占原料药总销售额的 49.51%；销售额排名前 30 位的企业的销售额为 80.31 亿元，占原料药总销售额的 80.17%。

2012 年，化药制剂总销售额 168.98 亿元。销售额排名前 10 位的企业的销售额为 42.3 亿元，占化药制剂总销售额的 25.03%；销售额排名前 30 位的企业的销售额为 71.18 亿元，占化药制剂总销售额的 42.12%；销售额排名前 50 位的企业的销售额为 89.03 亿元，占化药制剂总销售额的 52.69%。

2012 年，中药总销售额 43.11 亿元。销售额排名前 10 位的企业的销售额为 8.63 亿元，占中药总销售额的 20.02%；销售额排名前 30 位的企业的销售额为 15.29 亿元，占中药总销售额的 35.47%；销售额排名前 50 位的企业的销售额为 19.06 亿元，占中药总销售额的 44.21%。

本报告分“生物制品篇”和“化学药品及中药篇”。“生物制品篇”包括整体情况、经济效益、研发情况、销售情况和进出口情况 5 章。“化学药品及中药篇”包括整体情况、原料药、化学药品制剂、中药制剂和进出口情况 5 章。《报告》附录为“国内外兽药产业数据比较”。

本报告为不完全统计，相关数据及分析仅供参考。

Annual Report on Development of Veterinary Medicine Industry in China (2012)

生物制品篇

兽药产业发展报告（2012年度）

Annual Report on Development of Veterinary Medicine Industry in China (2012)

第1章　整体情况

第2章　经济效益

第3章　研发情况

第4章　销售情况

第5章　进出口情况

第 1 章
整体情况

本章共分 5 小节，分别介绍生药企业数量，生产能力及产能利用率，有效的产品批准文号数量及使用情况，资产规模和人力资源。如果不特别说明，本篇数据是指所有生物制品（包含强制免疫疫苗）。

1.1 企业数量

截至 2012 年年底，全国共有生药企业 75 家，图 1-1 为历年首次通过 GMP 验收企业数，该图数据来源为农业部兽药 GMP 工作委员会办公室。2012 年，除 7 家企业（新建 5 家、停产 2 家）无法填报数据外，应有 68 家企业参与填报，实际共收集到 68 家企业提交的有效数据，填报率为 100%。

1.1.1 历年首次通过 GMP 验收企业数

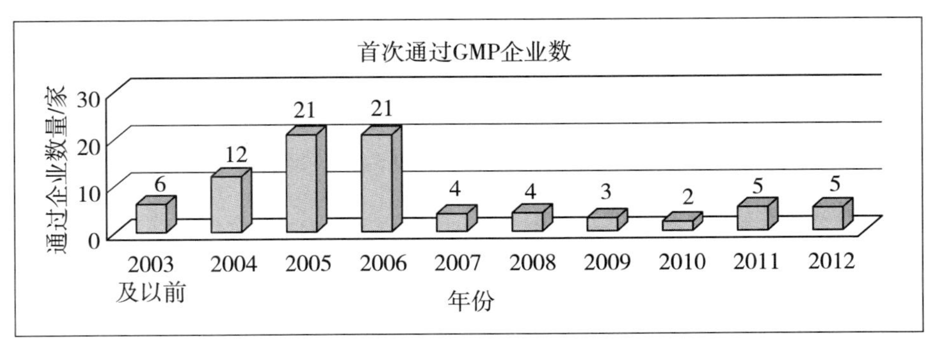

图 1-1 历年首次通过 GMP 验收企业数

（图中企业有 8 家已经注销）

1.1.2 企业规模

依据工信部最新划分标准，将企业按销售额划分为四类规模的企业，即大型企业、中型企业、小型企业和微型企业。图1－2反映了不同规模生药企业的分布情况，其中大型企业有18家，占生药企业总数的26.47%；中型企业有46家，占生药企业总数的67.65%；小型企业有4家，占生药企业总数的5.88%；生药企业中没有微型企业。

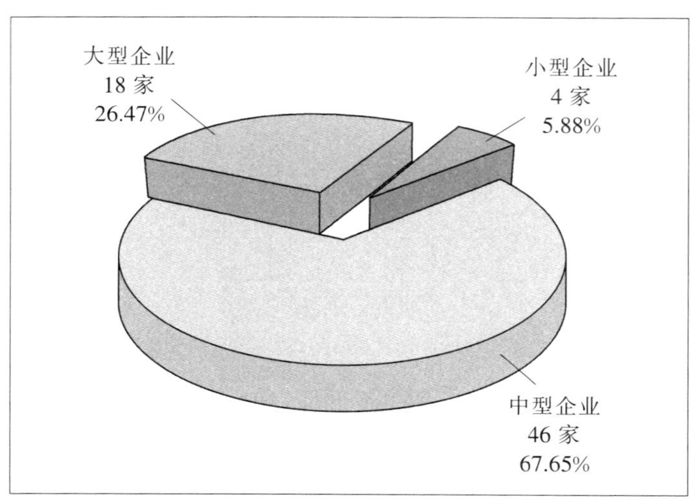

图1－2　不同规模生药企业数量及所占比重

1.2　生产能力及产能利用率

2012年，活疫苗生产能力为3 445.8亿羽份/亿头份，产能利用率29.39%；灭活疫苗生产能力为553.92亿毫升，产能利用率40.73%，与去年相比，活疫苗和灭活疫苗的产能均有所降低，产量相差无几，产能利用率有所提高，部分企业已经意识到产能过剩问题，进行了自减产能，提高了整体的产能利用率。详见表1－1。

表1－1　生物制品生产能力及产能利用率

产品类型	年生产能力	年产量	产能利用率/%
活疫苗	3 445.80亿羽份/亿头份	1 012.60亿羽份/亿头份	29.39
组织毒活疫苗	2 548.92亿羽份/亿头份	891.60亿羽份/亿头份	34.98
细胞毒活疫苗	759.81亿羽份/亿头份	109.34亿羽份/亿头份	14.39
细菌活疫苗	137.07亿羽份/亿头份	11.66亿羽份/亿头份	8.51
灭活疫苗	553.92亿毫升	225.63亿毫升	40.73
组织毒灭活疫苗	352.35亿毫升	168.62亿毫升	47.86
细胞毒灭活疫苗	143.10亿毫升	44.15亿毫升	30.85
细菌灭活疫苗	38.71亿毫升	11.43亿毫升	29.53
基因工程苗	19.76亿毫升	1.43亿毫升	7.24

1.3 产品批准文号数量[①]及使用情况

1.3.1 总体情况

截至2012年年底，68家生药企业共拥有有效的产品批准文号1 304个，实际使用了954个，未使用350个。批准文号使用率73.16%。按使用动物分类，68家生药企业共拥有禽用生物制品批准文号779个，实际使用了571个，批准文号使用率为73.3%；猪用生物制品批准文号392个，实际使用了283个，批准文号使用率为72.19%；牛、羊用生物制品批准文号86个，实际使用了66个，批准文号使用率为76.74%；宠物用及其他生物制品批准文号30个，实际使用了21个，批准文号使用率为70%；兔用生物制品批准文号17个，实际使用了13个，批准文号使用率为76.47%。2012年各类动物用生物制品批准文号使用率均在70%～80%，相比较而言，牛、羊用和兔用生物制品批准文号使用率较高，详见表1-2。

表1-2 生物制品批准文号数量及使用情况（按使用动物分类）

使用动物	有效的批准文号数/个	实际使用的批准文号数/个	批准文号使用率/%
禽用	779	571	73.30
猪用	392	283	72.19
牛、羊用	86	66	76.74
宠物用及其他	30	21	70.00
兔用	17	13	76.47
综合	1 304	954	73.16

1.3.2 2012年实际使用的产品批准文号

2012年，68家生药企业实际使用的生物制品批准文号共有954个，销售额共计88.88亿元。表1-3反映了有效的批准文号数量较多的生物制品名录及批准文号数量，所列产品合计销售额为15.43亿元。

表1-3 产品批准文号数量较多的生物制品名录

使用动物	产品名称	有效的产品批准文号数/个	实际使用的产品批准文号数/个
禽用	鸡新城疫活疫苗（La Sota株）	36	35
	鸡新城疫灭活疫苗（La Sota株）	34	31

① 产品批准文号数量是指截至2012年年底仍然有效的产品批准文号的数量，过期的批准文号未纳入统计，下文同此处。

（续）

使用动物	产品名称	有效的产品批准文号数/个	实际使用的产品批准文号数/个
禽用	鸡新城疫、传染性支气管炎二联活疫苗（La Sota株+H120株）	33	33
	鸡新城疫、鸡传染性支气管炎二联活疫苗（La Sota株+H52株）	31	27
	鸡新城疫、减蛋综合征二联灭活疫苗（La Sota株+京911株）	30	19
	鸡传染性法氏囊病活疫苗（B87株）	29	26
	鸡新城疫中等毒力活疫苗	29	24
	鸡痘活疫苗（鹌鹑化弱毒株）（细胞苗）	19	17
	鸡新城疫活疫苗（Clone30株）	17	17
猪用	猪瘟活疫苗（细胞源）	43	34
	猪瘟活疫苗（兔源）	38	33
	伪狂犬病活疫苗（Bartha-K61株）	31	29
	仔猪副伤寒活疫苗（C500株）	22	12
	猪败血性链球菌病活疫苗	19	10
	猪繁殖与呼吸综合征灭活疫苗（NVDC-JXA1株）	18	16
	仔猪大肠杆菌病三价灭活疫苗	9	7
牛、羊用	山羊痘活疫苗	12	8
	牛多杀性巴氏杆菌病灭活疫苗	9	6
	羊快疫、猝狙（或羔羊痢疾）、肠毒血症三联灭活疫苗	6	4
宠物及其他	狂犬病活疫苗（Flury株）	13	8
兔用	兔病毒性出血症灭活疫苗	6	5
合计		484	401

1.4 资产规模

截至2012年年底，68家生药企业共有资产总额180.61亿元。图1-3反映了不同规模生药企业资产总额分布情况，大型企业拥有的资产总额最多，共拥有资产总额82.04亿元，占生药企业资产总额的45.42%；中型企业拥有资产总额96.19亿元，占生药企业资产总额的53.26%；小型企业拥有资产总额2.38亿元，占生药企业资产总额的1.32%。

截至2012年年底，68家生药企业共有固定资产59.47亿元。图1-4反映不同规模生药企业固定资产分布情况，中型企业拥有的固定资产最多，共拥有固定资产29.59亿元，占生药企业固定资产的49.76%；大型企业拥有固定资产28.79亿元，占生药企业固定资产的48.41%；小型企业拥有固定资产1.09亿元，占生药企业固定资产的1.83%。

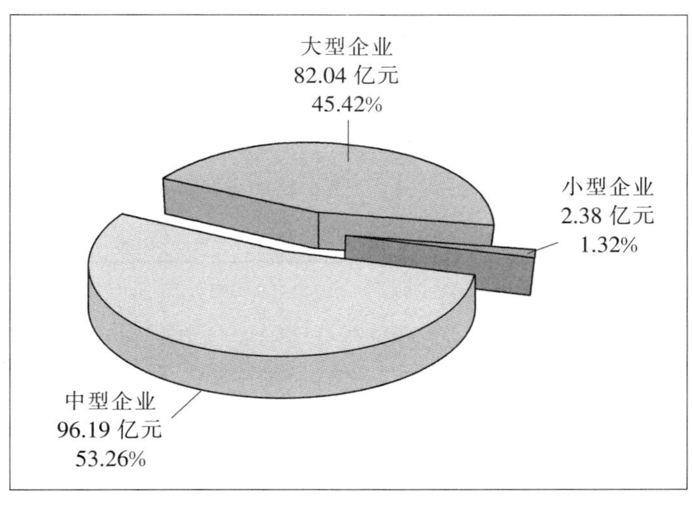

图 1－3　不同规模生药企业资产总额分布

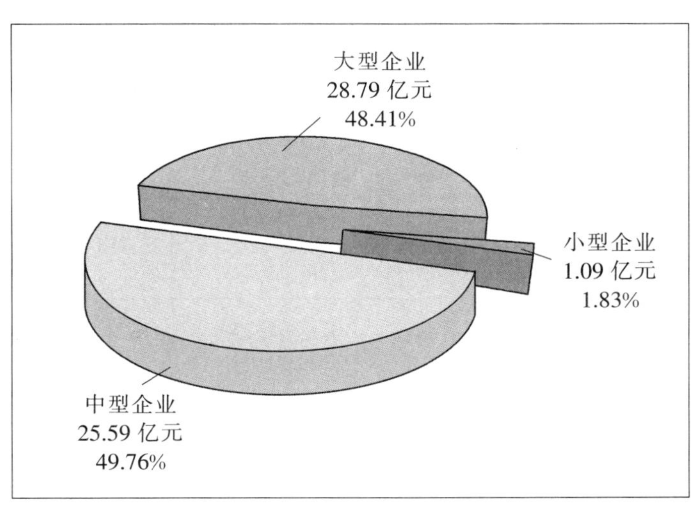

图 1－4　不同规模生药企业固定资产分布

1.5　人力资源

人才是企业发展、产业进步的重要因素。图 1－5 和图 1－6 反映了生药企业从业人员的学历及职称构成情况。表 1－4 和表 1－5 数据显示，近两年，生药企业高学历人才人数及所占比重和中、高级职称人才人数及所占比重均在增加，说明生药企业对高素质人才的需求正在增加。

表 1－4　高学历人才人数及所占比重

学历	2009 年		2010 年		2011 年		2012 年	
	人数/人	比重/%	人数/人	比重/%	人数/人	比重/%	人数/人	比重/%
硕士	710	5.20	839	5.65	1 092	6.18	1 190	6.60
博士	89	0.65	126	0.85	155	0.88	158	0.88

表 1－5　中、高级职称人才人数及所占比重

职称	2009 年		2010 年		2011 年		2012 年	
	人数/人	比重/%	人数/人	比重/%	人数/人	比重/%	人数/人	比重/%
中级职称	1201	8.79	1423	9.59	—	—	—	—
高级职称	400	2.93	447	3.01	492	2.79	596	3.30

注：2011 年及以后没有统计中级职称的人数。

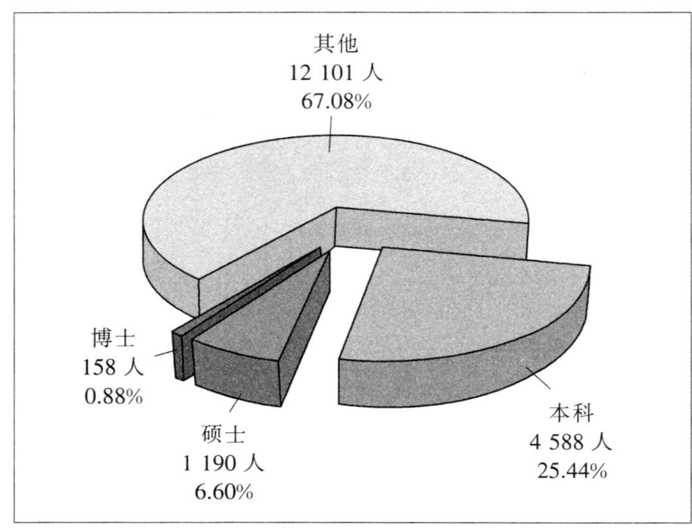

图 1－5　生药企业人力资源构成——学历

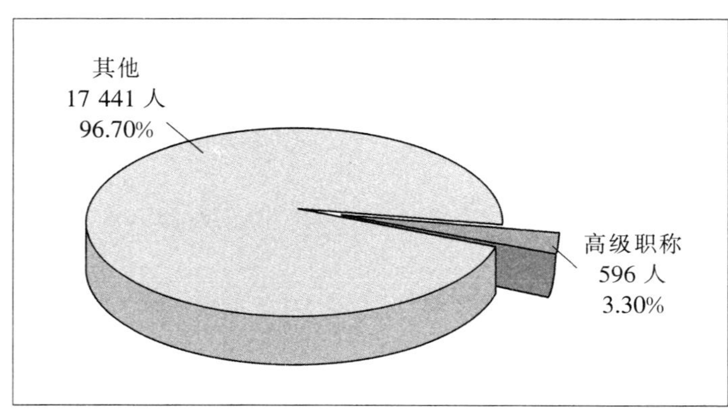

图 1－6　生药企业人力资源构成——职称

第 2 章 经济效益

本章分为 4 小节，分别介绍整体经济效益、不同规模生药企业经济效益、产业集中度以及生药企业排名与销售额对照表。

2.1 总体情况

2012 年，68 家生药企业实现产值 93.47 亿元，同比增加了 8.64%；实现销售额 88.88 亿元，同比增加了 21.21%；实现毛利 48.7 亿元，同比降低了 15.35%；毛利率[①] 54.79%，同比降低 23.66 个百分点；资产利润率（资产报酬率）26.96%。可见，2012 年生物制品毛利有所下降，毛利率下降明显，个别企业亏损严重，但是整体产值与销售额略有增加。

2.2 不同规模生药企业经济效益

从不同规模生药企业销售额分布情况来看（图 2-1），2012 年，68 家生药企业共实现销售额 88.88 亿元，18 家大型企业实现销售额 63.69 亿元，占所有生药企业总销售额的 71.66%。

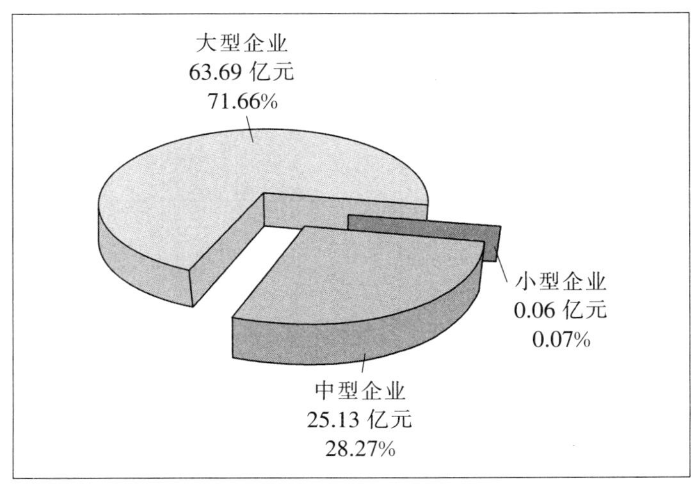

图 2-1 不同规模生药企业销售额分布

① 毛利率是指毛利与销售额的百分比。

从不同规模生药企业毛利分布情况来看（图2－2），2012年生药企业共实现毛利48.7亿元，其中18家大型企业实现毛利35.86亿元，占所有生药企业的73.64％。

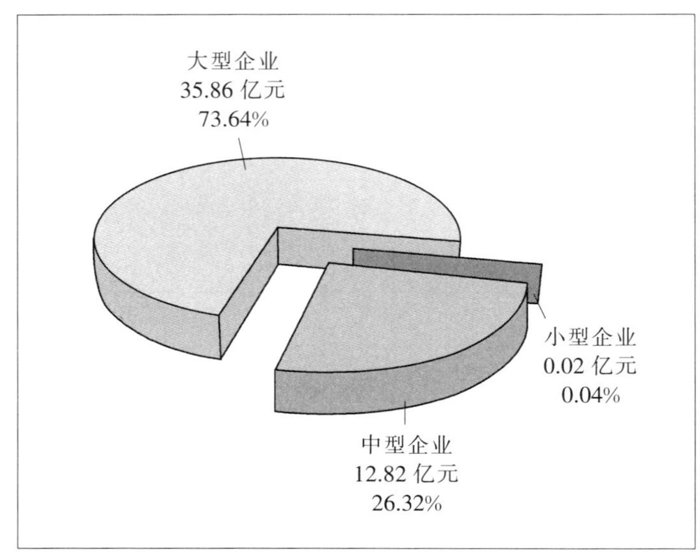

图2－2　不同规模生药企业毛利分布

图2－3数据显示，不同规模生药企业的资产利润率（资产报酬率）差距悬殊，2012年大型企业资产利润率43.71％，中型企业资产利润率13.33％，小型企业资产利润率0.84％。大型企业资产利润率高出小型企业资产利润率42.87个百分点。可见，大型企业的盈利能力较强，经营管理水平较高。

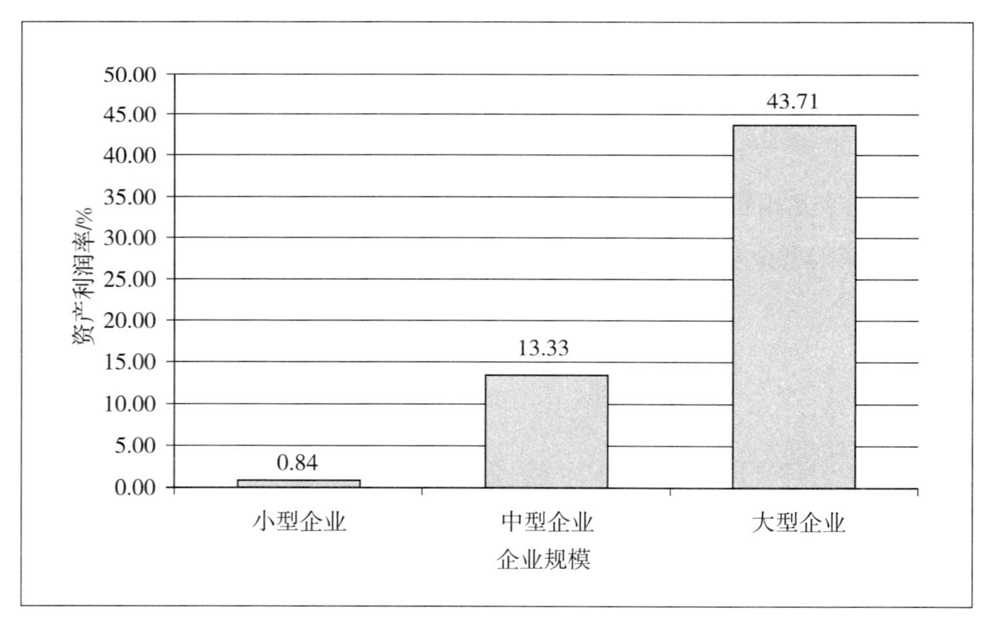

图2－3　不同规模生药企业资产利润率

图2－4数据显示，大型企业和中型企业的毛利率差距不大，小型企业的毛利率与其他类型企业的毛利率差距较大。对比图2－3和图2－4可知，不同规模生药企业资产利润率的离散程度要大于不同规模生药企业毛利率的离散程度。

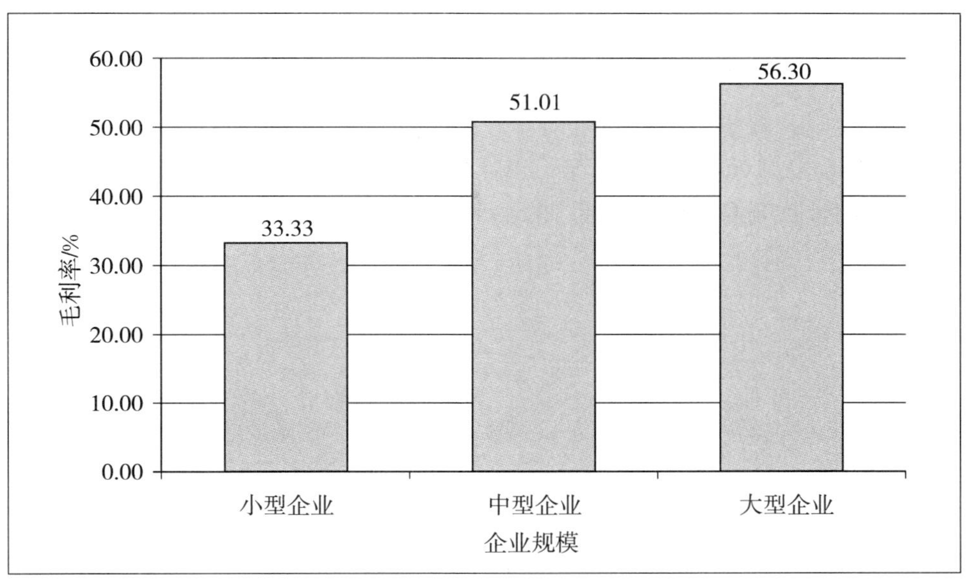

图 2－4　不同规模生药企业毛利率

2.3　产业集中度

产业集中度是刻画产业市场结构性状和大企业市场控制力的一个概念，通常用某一产业中前若干家企业的某些指标的合计数占整个产业相应指标的比重来反映。这一比重越大，说明产业集中度就越高。本小节将从综合集中度、禽用生物制品集中度、猪用生物制品集中度以及牛、羊用生物制品集中度四个方面分别进行介绍。

2.3.1　综合集中度

2012 年，68 家生物制品总销售额为 88.88 亿元，销售额排名前 10 位的企业的销售额为 44.25 亿元，占生物制品总销售额的 49.79%。

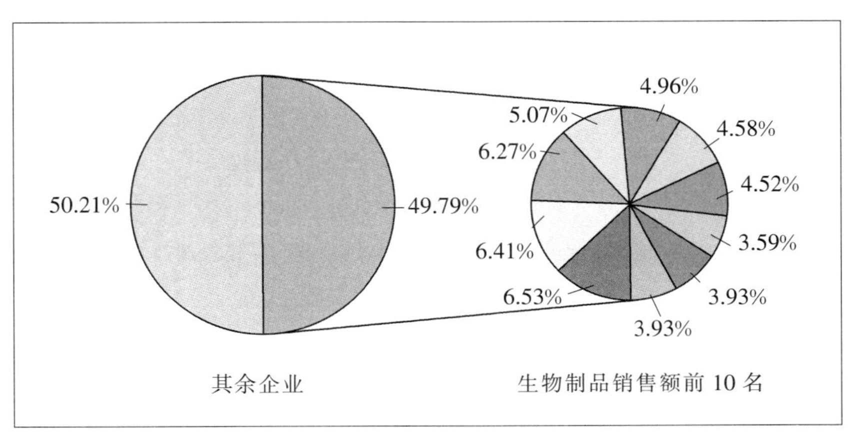

图 2－5　生物制品产业集中度（销售额前 10 名）

2.3.2 禽用生物制品集中度

2012年，禽用生物制品总销售额为32.02亿元，销售额排名前10位的企业的销售额为23.53亿元，占禽用生物制品总销售额的73.49%。

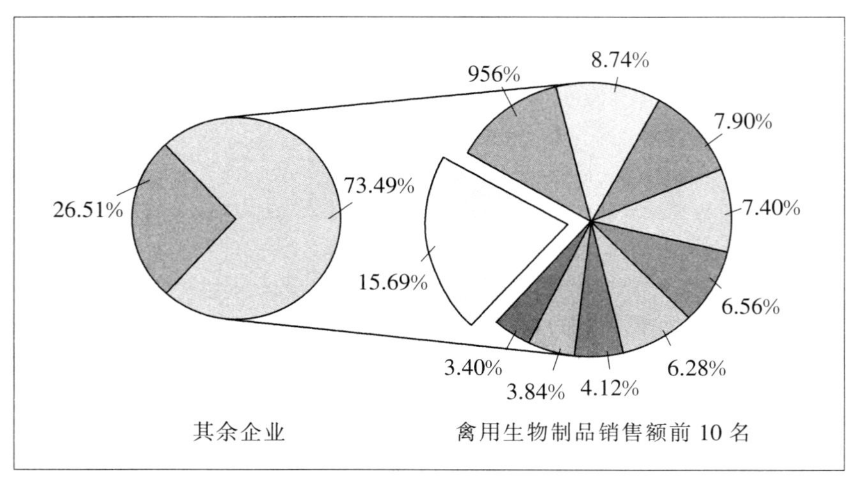

图2-6 禽用生物制品产业集中度（销售额前10名）

2.3.3 猪用生物制品集中度

2012年，猪用生物制品总销售额为43.92亿元，销售额排名前10位的企业的销售额为27.17亿元，占猪用生物制品总销售额的61.86%。

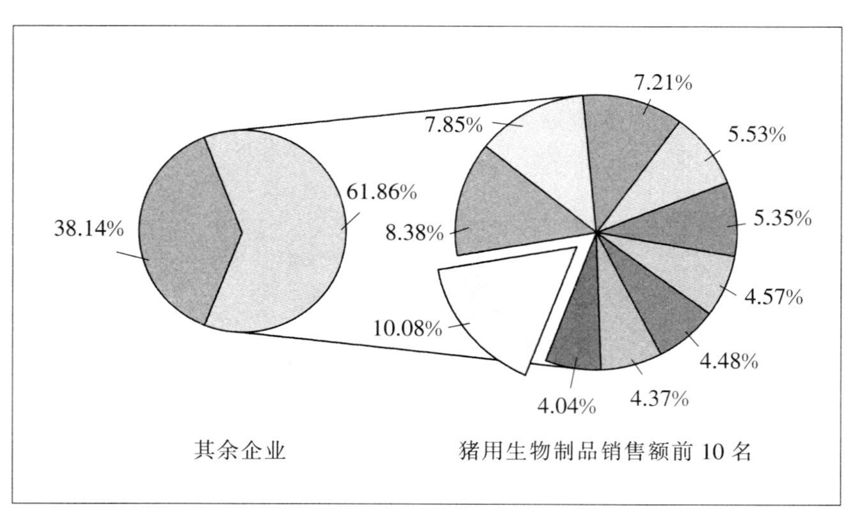

图2-7 猪用生物制品产业集中度（销售额前10名）

2.3.4 牛、羊用生物制品集中度

2012年，牛、羊用生物制品总销售额为5.89亿元，销售排名前5位的企业的销售额为5.55

亿元，占牛、羊马用生物制品总销售额的94.23%。

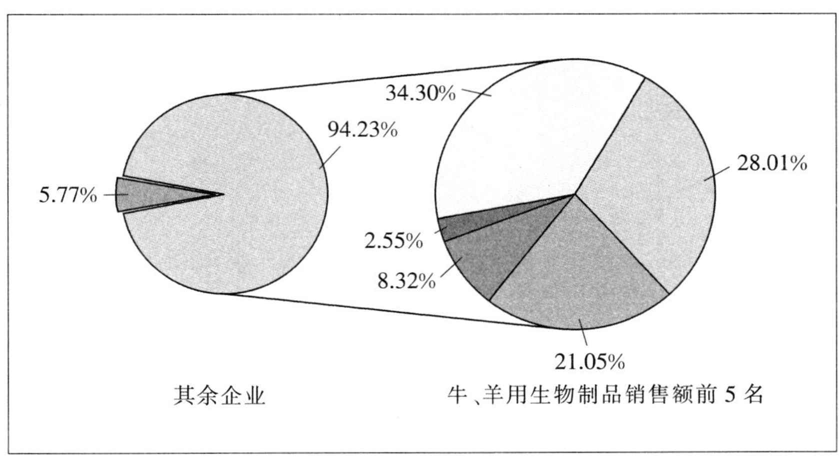

图2-8 牛、羊用生物制品产业集中度（销售额前5名）

2.4 生药企业排名与销售额对照表

表2-1反映的是与销售额相对应的生药企业的排名情况，便于生药企业衡量自己的地位。需要说明的是，若有集团下辖多家生物制品厂的，每个生物制品厂分别参与排名。

表2-1 生药企业排名与销售额对照表

排名	年销售额
前10名	3.40亿元以上
前20名	1.90亿元以上
前30名	0.85亿元以上
前40名	0.48亿元以上
前50名	0.18亿元以上

第3章 研发情况

本章共分6小节，分别从研发成果、研发投入、研发人员、研发方式、研发资金使用方向和投入方式六方面系统反映生药企业创新的活跃程度。

3.1 研发成果

3.1.1 新兽药数量

表3-1和图3-1数据显示，2012年，农业部共核发生物制品新兽药证书20个。其中，二类3个，三类17个。

表3-1 2008—2012年生物制品新兽药证书核发数量

单位：个

类别	2008年	2009年	2010年	2011年	2012年
一类	1	1	3	1	0
二类	4	3	9	5	3
三类	11	14	15	22	17
合计	16	18	27	28	20

注：此表数据来源为农业部公告。

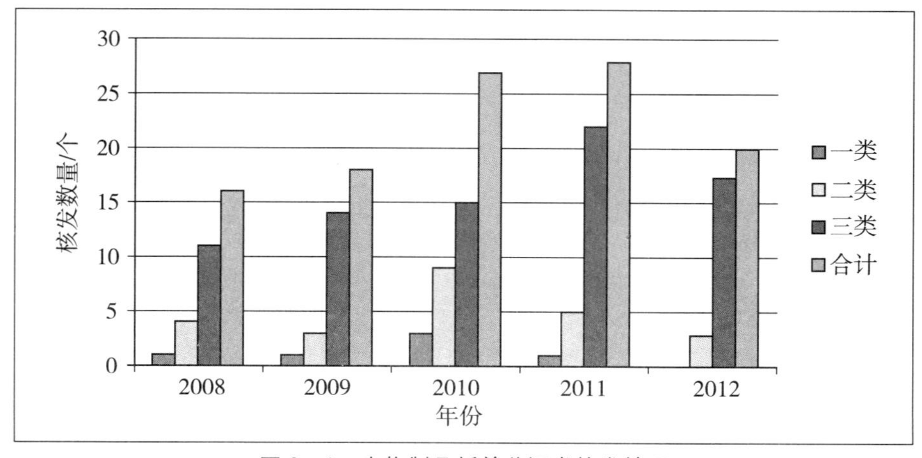

图3-1 生物制品新兽药证书核发情况

3.1.2 新兽药名称及研制单位

表 3-2 2012 年二类生物制品新兽药名称及研制单位

新兽药名称	研制单位
牛分枝杆菌 MPB70/83 抗体检测试纸条	华中农业大学 武汉科前动物生物制品有限责任公司 武汉中博生物股份有限公司
禽白血病病毒 ELISA 抗原检测试剂盒	中国农业大学 北京维德维康生物技术有限公司
绵羊肺炎支原体 ELISA 抗体检测试剂盒	中国农业科学院兰州兽医研究所

注：多个单位联合申报并共同获得 1 个新兽药证书的，合并列出，产品名称及单位排名按农业部公告；多个单位分别申报并各自获得新兽药证书的，分开单列。

表 3-3 2012 年三类生物制品新兽药名称及研制单位

新兽药名称	研制单位
鸡新城疫、禽流感（H9 亚型）、传染性法氏囊病三联灭活疫苗（La Sota 株＋YBF003 株＋S-VP2 蛋白）	青岛易邦生物工程有限公司
猪链球菌 2 型 ELISA 抗体检测试剂盒	华中农业大学 武汉科前动物生物制品有限责任公司 武汉中博生物股份有限公司
鸡病毒性关节炎活疫苗（ZJS 株）	中国兽医药品监察所 广东大华农动物保健品股份有限公司 青岛易邦生物工程有限公司 瑞普（保定）生物药业有限公司
鸭传染性浆膜炎二价灭活疫苗（1 型 RAf63 株＋2 型 RAf34 株）	福建省农业科学院畜牧兽医研究所 北京大北农科技集团股份有限公司 天津瑞普生物技术股份有限公司高科分公司 成都川宏生物科技有限公司 杭州荐量兽用生物制品有限公司
鸡新城疫、禽流感（H9 亚型）二联灭活疫苗（La Sota 株＋SY 株）	杨凌绿方生物工程有限公司

（续）

新兽药名称	研制单位
猪圆环病毒 2 型灭活疫苗（WH 株）	华中农业大学 武汉科前动物生物制品有限责任公司 武汉中博生物股份有限公司 南京天邦生物科技有限公司 广东永顺生物制药有限公司 中牧实业股份有限公司
鸭病毒性肝炎冻干蛋黄抗体	青岛宝依特生物制药有限公司 辽宁益康生物股份有限公司 山东绿都生物科技有限公司 扬州威克生物工程有限公司 郑州后羿制药有限公司
重组禽流感病毒（H5N1 亚型）灭活疫苗（细胞源，Re-5 株）	中国农业科学院哈尔滨兽医研究所 山东信得动物疫苗有限公司 哈尔滨维科生物技术开发公司
水貂犬瘟热活疫苗（CDV3-CL 株）	中国农业科学院特产研究所 吉林特研生物技术有限责任公司 吉林中特生物技术有限责任公司
鸭传染性浆膜炎、大肠杆菌病二联蜂胶灭活疫苗（WF 株+BZ 株）	中国兽医药品监察所 山东华宏生物工程有限公司
鸡球虫病三价活疫苗（柔嫩艾美耳球虫 PTMZ 株+巨型艾美耳球虫 PMHY 株+堆型艾美耳球虫 PAHY 株）	佛山市正典生物技术有限公司
鸡新城疫、传染性支气管炎、减蛋综合征、禽流感（H9 亚型）四联灭活疫苗（La Sota 株+M41 株+HSH23 株+WD 株）	北京市农林科学院 北京信得威特科技有限公司 山东华宏生物工程有限公司 四川省华派生物制药有限公司 鹤壁神康生物制品有限公司 北京华都诗华生物制品有限公司 烟台绿叶动物保健品有限公司
鸡新城疫、传染性支气管炎、禽流感（H9 亚型）三联灭活疫苗（La Sota 株+M41 株+SY 株）	杨凌绿方生物工程有限公司
猪瘟活疫苗（传代细胞源）	中国兽医药品监察所 广东永顺生物制药有限公司

（续）

新兽药名称	研制单位
猪链球菌病蜂胶灭活疫苗（马链球菌兽疫亚种＋猪链球菌 2 型）	山东滨州华宏生物制品有限责任公司
猪细小病毒病灭活疫苗（BJ-2 株）	扬州优邦生物制药有限公司 金宇保灵生物药品有限公司 扬州威克生物工程有限公司 瑞普（保定）生物药业有限公司 广东永顺生物制药有限公司
猪传染性胸膜肺炎二价蜂胶灭活疫苗（1 型 CD 株＋7 型 BZ 株）	山东华宏生物工程有限公司

注：多个单位联合申报并共同获得 1 个新兽药证书的，合并列出，产品名称及单位排名按农业部公告；多个单位分别申报并各自获得新兽药证书的，分开单列。

3.2 研发投入

2012 年，兽药生产企业研发资金总投入 25.65 亿元，占兽药产业总销售收入的 6.39％。生药企业研发资金投入 6.23 亿元，占生药企业总销售收入的 7.01％，详见表 3－4。

表 3－4　2008—2012 年生药企业研发资金投入

年份	年度研发资金总投入/亿元	占年总销售额的比重/%
2008	2.51	5.71
2009	4.44	8.57
2010	4.45	7.16
2011	5.74	7.83
2012	6.23	7.01

3.3 研发人员

图 3－2 反映了在生药企业的研发队伍中，具备中级职称和高级职称的研发人员占研发人员总人数的比重。被调查的 68 家生药企业，共有研发人员 2 306 人，其中 34.91％的研发人员具有中级职称，13.18％的研发人员具有高级职称。

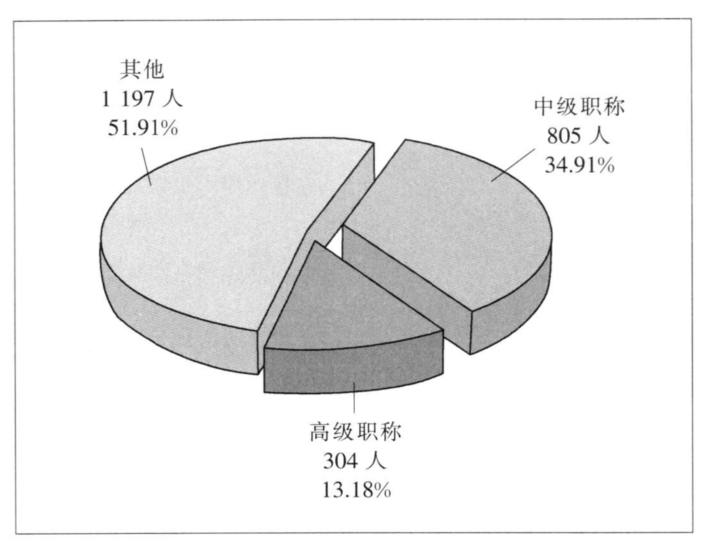

图 3－2　生药企业研发人员配备情况

3.4　研发方式

图 3－3 反应生药企业对不同研发方式的选择情况，数据显示，有 61 家生药企业选择与研究单位联合研发，是三种研发方式中最多的一项。

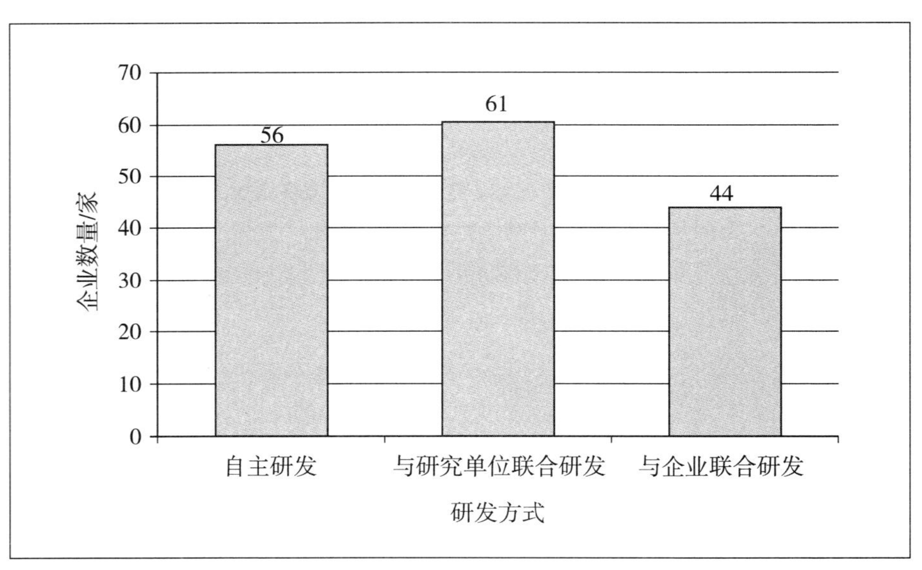

图 3－3　生药企业研发方式选择情况

3.5　研发资金使用方向

图 3－4 反映生药企业研发资金使用的方向选择情况，数据显示，有 63 家生药企业选择用在新药的研发上，有 60 家企业选择用在生产工艺的改进上，二者有交叉。反映了企业对产品数量及产品质量的需求。

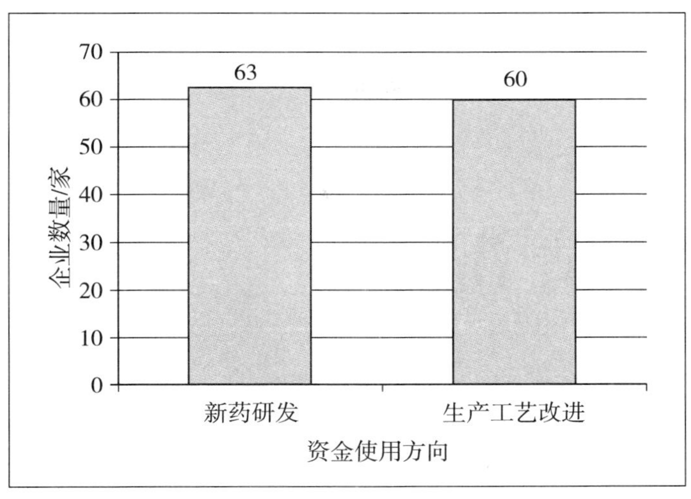

图 3-4 生药企业研发资金使用方向

3.6 研发资金投入方式

图 3-5 反映生药企业的资金投入方式，数据显示，其中 66 家生药企业选择自主或联合研发，有 53 家生药企业选择购买外单位转让的产品或技术，二者有交叉，反映了大部分企业以自主或联合研发作为主要的资金投入方式。

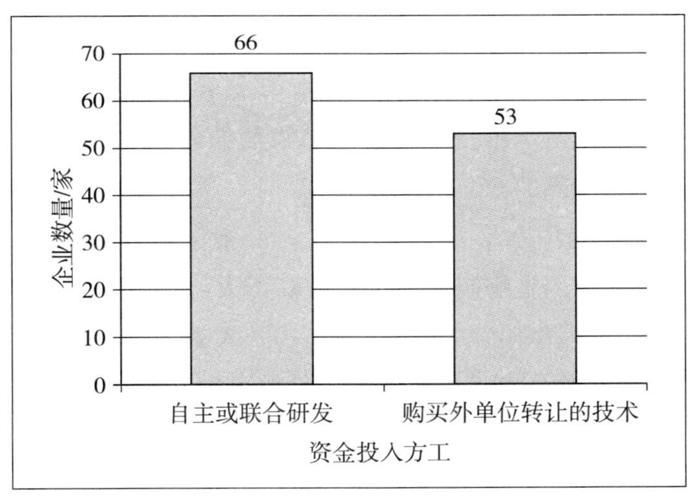

图 3-5 生药企业资金投入方式

第4章 销售情况

本章共分3小节，4.1先从总体上介绍生物制品的销售情况再按使用动物分别进行介绍，4.2介绍强制免疫疫苗的销售情况，4.3介绍除强制免疫疫苗以外的其他生物制品的销售情况。

4.1 总体情况

2012年，生物制品共实现销量1 045.65亿头份/亿羽份/亿毫升，销售额88.88亿元，销售额同比增加15.55亿元，增幅达21.21%。其中，猪用和禽用生物制品的销售额为75.94亿元，占生物制品总销售额的85.44%。相较于禽用生物制品，猪用生物制品销售额及占生物制品总销售额的比重更大，2012年，猪用生物制品销售额43.92亿元，几乎占生物制品总销售额的一半。禽用生物制品销售额32.02亿元，占生物制品总销售额的36.03%。牛、羊用生物制品销售额5.89亿元，占生物制品总销售额的6.63%（表4-1）。

与2011年相比，禽用、猪用以及牛、羊用生物制品销售额占生物制品总销售额的比重没有发生明显的变化。2012年，猪用生物制品销售额涨幅不大，其占生物制品总销售额的比重同比增加了0.15个百分点，猪用生物制品成为销售额所占比重最大的生物制品。禽用生物制品的销售额虽有小幅增加，但其占生物制品总销售额的比重却同比下降了3.54个百分点。与2011年相比，2012年牛、羊用生物制品的销售额及所占比重均有小幅下降，销售额下降0.74亿元，销售额占总销售额的比重下降了2.41个百分点。兔用生物制品的销售额及所占比重与2011年相比也有小幅下降。2012年，宠物及其他生物制品销售额6.78亿元，比2011年增加了5.6亿元，其占总销售额的比重增加6.02个百分点，是所有生物制品中增加最多的。可见行业内对于宠物用疫苗的重视程度有所提高。疫苗产品销量和销售额见表4-2和表4-3。

表4-1 生物制品销量与销售额（按使用动物分类）

使用动物	销量	销售额/亿元	销售额比重/%	同比变化
禽用	934.62亿羽份/亿毫升	32.02	36.03	下降 3.54个百分点
猪用	84.15亿头份/亿毫升	43.92	49.41	增加 0.15个百分点

（续）

使用动物	销量	销售额/亿元	销售额比重/%	同比变化
牛、羊用	22.02 亿头份/亿毫升	5.89	6.63	下降　2.41 个百分点
兔用	1.84 亿毫升	0.27	0.30	下降　0.22 个百分点
宠物及其他	3.02 亿头份/亿羽份/亿毫升	6.78	7.63	增加　6.02 个百分点
合计	1045.65 亿头份/亿羽份/亿毫升	88.88	100	

注：单位为孔、卡、条的诊断试剂盒或诊断试剂卡的销量未计入。

表 4－2　疫苗产品销量（按使用动物分类）

产品类别	禽用	猪用	牛、羊用	兔用	宠物
活疫苗/（亿羽份/亿头份）	743.79	46.57	6.66	—	1.41
组织毒活疫苗/（亿羽份/亿头份）	679.90	12.77	—	—	—
细胞毒活疫苗/（亿羽份/亿头份）	60.42	29.36	1.75	—	1.41
细菌活疫苗/（亿羽份/亿头份）	3.47	4.44	4.91	—	—
灭活疫苗/亿毫升	173.66	32.32	15.20	1.84	1.61
组织毒灭活疫苗/亿毫升	158.85	—	—	1.68	—
细胞毒灭活疫苗/亿毫升	—	30.67	11.26	—	1.61
细菌灭活疫苗/亿毫升	2.12	1.64	3.94	0.16	—
基因工程苗/亿毫升	12.69	0.01	—	—	—
合计	917.45	78.89	21.86	1.84	3.02

注："—"表示没有相关产品或相关产品的生产厂家较少，无法提供数据。

表 4－3　疫苗产品销售额（按使用动物分类）

单位：亿元

产品类别	禽用	猪用	牛、羊用	兔用	宠物
活疫苗	8.04	21.85	0.31	—	0.80
组织毒活疫苗	6.71	4.72	—	—	—
细胞毒活疫苗	1.25	16.84	0.11	—	0.80
细菌活疫苗	0.08	0.29	0.20	—	—
灭活疫苗	23.18	17.86	5.52	0.26	5.98
组织毒灭活疫苗	22.04	—	—	0.25	—
细胞毒灭活疫苗	—	17.37	5.29	—	5.98
细菌灭活疫苗	0.39	0.48	0.23	0.01	—
基因工程苗	0.75	0.01	—	—	—
合计	31.22	39.71	5.83	0.26	6.78

注："—"表示没有相关产品或相关产品的生产厂家较少，无法提供数据。

4.1.1 禽用生物制品

2012年，禽用生物制品共有147种产品生产销售，销量934.62亿羽份/亿毫升，销售额32.02亿元。销量同比减少51.71亿羽份/亿毫升，降幅为5.24%；销售额同比增加3亿元，增幅为10.34%。虽然禽用生物制品的销售额有小幅增加，但其占生物制品总销售额的比重却从2011年的39.57%下降到36.03%，同比下降3.54个百分点（图4-1）。

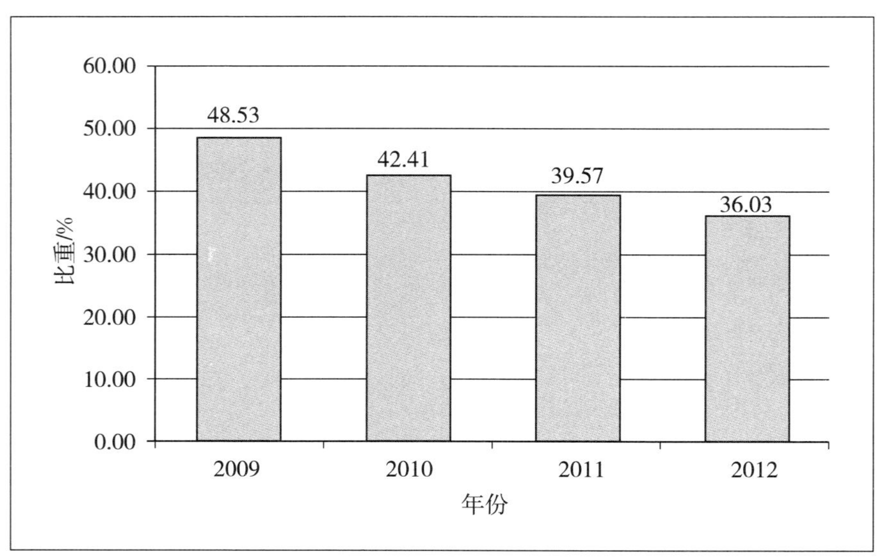

图4-1 禽用生物制品销售额占生物制品总销售额比重的年度比较

在32.02亿元的禽用生物制品中，禽苗销售额为31.22亿元，占禽用生物制品总销售额的97.5%，而禽用诊断试剂、血清、卵黄抗体等其他禽用生物制品销售额仅0.8亿元，占禽用生物制品总销售额的比重为2.5%。按照不同的分类方法，禽苗可分为活疫苗和灭活疫苗。禽用活疫苗又包括组织毒活疫苗、细胞毒活疫苗、细菌活疫苗等。禽用灭活疫苗又包括组织毒灭活疫苗、细胞毒灭活疫苗、细菌灭活疫苗以及基因工程苗。

2012年，禽苗中单苗和多联苗的销量及销售额见表4-4，禽用活疫苗和灭活疫苗及各细分的销量及销售额数据见表4-5。

表4-4 禽用生物制品销量与销售额（按产品类别分类）

产品类别	销量/(亿羽份/亿毫升)	销售额/亿元
单苗	606.29	12.13
多联苗	316.09	19.09
其他	12.91	0.80
合计	935.29	32.02

注：其他包括卵黄抗体、转移因子口服液、诊断试剂等。单位为孔、卡、条的诊断试剂盒或诊断试剂卡的销量未计入。

表 4-5　禽用活疫苗和灭活疫苗销量与销售额（按产品类别分类）

产品类别	销量	销售额/亿元
活疫苗	743.79 亿羽份	8.04
组织毒活疫苗	679.90 亿羽份	6.71
细胞毒活疫苗	60.42 亿羽份	1.25
细菌活疫苗	3.47 亿羽份	0.08
灭活疫苗	173.66 亿毫升	23.18
组织毒灭活疫苗	158.85 亿毫升	22.04
细胞毒灭活疫苗	—	—
细菌灭活疫苗	2.12 亿毫升	0.39
基因工程苗	12.69 亿毫升	0.75
合计	917.45 亿羽份/亿毫升	31.22

注：寄生虫苗只有一家企业生产因此不予公布。"—" 表示没有相关产品或相关产品的生产厂家较少，无法提供数据。

图 4-2 数据显示，2012 年禽用活疫苗销售额为 8.04 亿元，同比增加了 0.97 亿元，增幅 13.72%。禽用灭活疫苗销售额为 23.18 亿元，同比增加 1.92 亿元，增幅 9.03%。可见，禽用生物制品中活疫苗与灭活疫苗销售额都略有上升。

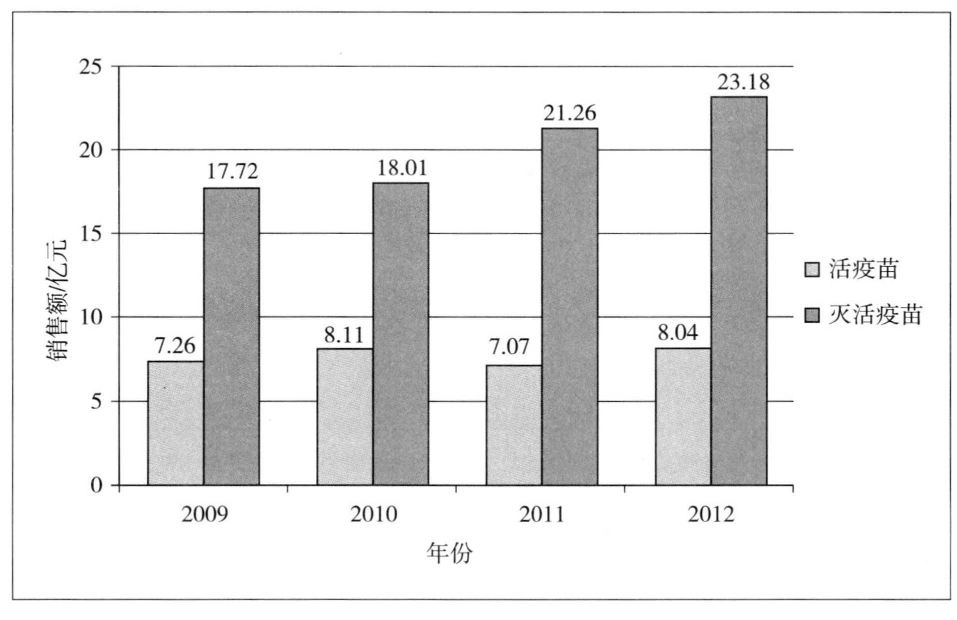

图 4-2　禽用活疫苗和灭活疫苗销售额年度比较

4.1.2　猪用生物制品

2012 年，猪用生物制品共有 68 种产品生产销售，销量 84.15 亿头份/亿毫升，销售额 43.92

亿元。销量同比增加 8.24 亿头份/亿毫升，增幅为 10.85%；销售额同比增加 7.8 亿元，增幅为 21.59%。猪用生物制品占生物制品总销售额的比重也从 2011 年的 49.26%增加到 49.41%，同比上升 0.15 个百分点（图 4－3）。

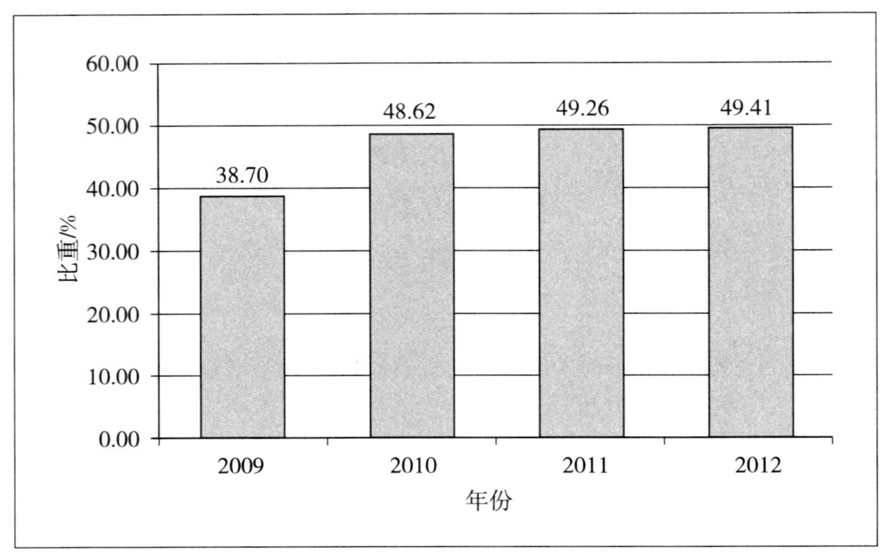

图 4－3　猪用生物制品销售额占生物制品总销售额比重的年度比较

按照不同的分类方法，猪苗可分为单苗和多联苗，或活疫苗和灭活疫苗。猪用活疫苗包括组织毒活疫苗、细胞毒活疫苗、细菌活疫苗。猪用灭活疫苗包括组织毒灭活疫苗、细胞毒灭活疫苗、细菌灭活疫苗以及基因工程苗。

2012 年，猪苗中单苗和多联苗的销量及销售额见表 4－6，猪用活疫苗和灭活疫苗及各细分的销量及销售额见表 4－7。

表 4－6　猪用生物制品销量与销售额（按产品类别分类）

产品类别	销量/(亿头份/亿毫升)	销售额/亿元
单苗	73.41	37.63
多联苗	5.48	2.08
其他	5.26	4.21
合计	84.15	43.92

注：其他包括干扰素、诊断试剂等。单位为孔、卡、条的诊断试剂盒或诊断试剂卡的销量未计入。

表 4－7　猪用活疫苗和灭活疫苗销量与销售额（按产品类别分类）

产品类别	销量	销售额/亿元
活疫苗	46.57 亿头份	21.85
组织毒活疫苗	12.77 亿头份	4.72
细胞毒活疫苗	29.36 亿头份	16.84
细菌活疫苗	4.44 亿头份	0.29

（续）

产品类别	销量	销售额/亿元
灭活疫苗	32.32 亿毫升	17.86
组织毒灭活疫苗	—	—
细胞毒灭活疫苗	30.67 亿毫升	17.37
细菌灭活疫苗	1.64 亿毫升	0.48
基因工程苗	0.01 亿毫升	0.01
合计	78.89 亿头份/亿毫升	39.71

2012 年，猪用活疫苗销售额为 21.85 亿元，同比增加 3.11 亿元，增幅 16.6%。猪用灭活疫苗销售额为 17.86 亿元，同比增加 0.53 亿元，增幅 3.06%。2011 年，猪用活疫苗销售额占猪用生物制品总销售额的 51.88%，猪用灭活疫苗销售额占猪用生物制品总销售额的 47.98%；2012 年，猪用活疫苗销售额占猪用生物制品总销售额的 49.75%，猪用灭活疫苗销售额占猪用生物制品总销售额的 40.66%。可见，猪用生物制品中活疫苗及灭活疫苗的市场份额所占比重均有小幅下降，详见图 4－4。

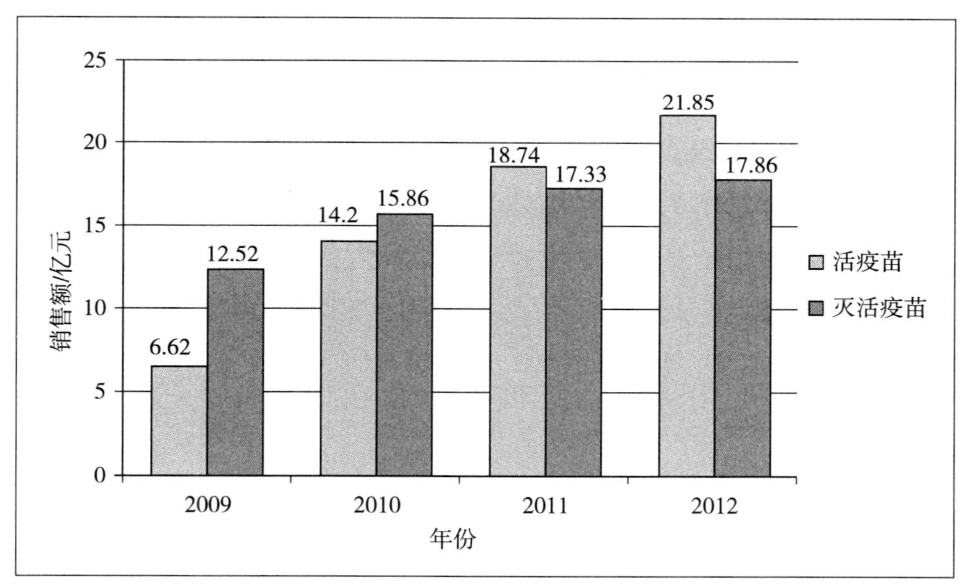

图 4－4　猪用活疫苗和灭活疫苗销售额年度比较

4.1.3　牛、羊用生物制品

2012 年，牛、羊用生物制品共有 31 种产品生产销售，销量 21.86 亿头份/亿毫升，销售额 5.83 亿元（表 4－8）。销量同比增加了 0.16 亿头份/亿毫升，增幅上升了 0.74%；销售额同比减少 0.8 亿元，降幅为 12.07%。牛、羊用生物制品的销量较去年都略有增长，销售额较去年略有降低，其占生物制品总销售额的比重也从 2011 年的 9.04%下降到 6.56%，同比下降 2.48 个百分点（图 4－5）。牛、羊用活疫苗和灭活疫苗的销量与销售额见表 4－9。

表 4-8 牛、羊用生物制品销量与销售额（按产品类别分类）

产品类别	销量/(亿头份/亿毫升)	销售额/亿元
单苗	10.08	1.14
多联苗	11.79	4.68
其他	0.01	0.01
合计	21.86	5.83

注：其他包括抗毒素、诊断试剂等。单位为孔、卡、条的诊断试剂盒或诊断试剂卡的销量未计入。

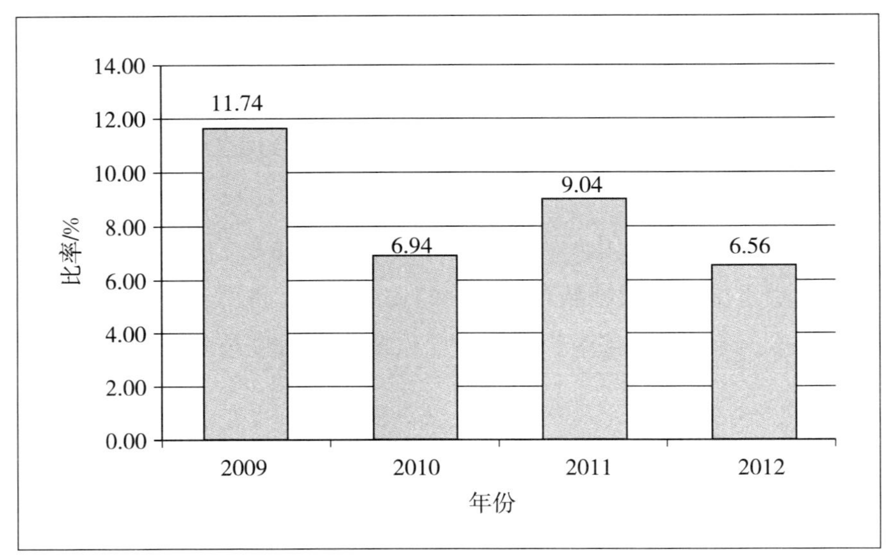

图 4-5 牛、羊用生物制品销售额占生物制品总销售额比重的年度比较

表 4-9 牛、羊用活疫苗和灭活疫苗销量与销售额（按产品类别分类）

产品类别	销量	销售额/亿元
活疫苗	6.66 亿头份	0.31
细胞毒活疫苗	1.75 亿头份	0.11
细菌活疫苗	4.91 亿头份	0.20
灭活疫苗	15.20 亿毫升	5.51
细胞毒灭活疫苗	11.26 亿毫升	5.28
细菌灭活疫苗	3.94 亿毫升	0.23
合计	21.86 亿头份/亿毫升	5.82

4.2 强制免疫疫苗

4.2.1 基本情况

2012 年，生物制品共实现销售额 88.88 亿元，其中强制免疫疫苗销售额 54.25 亿元，占总销售额的 61.04%，常规苗、诊断制剂、血清、卵黄抗体等产品销售额 34.63 亿元，占总销售额

的 38.96%。强制免疫疫苗中，猪用强制免疫疫苗销售额 35.3 亿元，禽用强制免疫疫苗销售额 13.68 亿元，牛、羊用强制免疫疫苗销售额 5.27 亿元（表 4-10）。

与 2011 年相比，强制免疫疫苗销售额同比增加了 5.09 亿元，增幅为 10.35%。强制免疫疫苗销售额占总销售额的比重由 2011 年的 67.04%降低到 2012 年的 61.04%，下降 6 个百分点。

表 4-10　生物制品销量与销售额（按产品类别分类）

产品类别	销量	销售额/亿元	比重/%
禽用强免苗	109.80 亿羽份/亿毫升	13.68	15.39
猪用强免苗	72.00 亿头份/亿毫升	35.30	39.72
牛、羊用强免苗	11.24 亿毫升	5.27	5.93
常规苗/诊断制剂/其他	—	34.63	38.96
合计	—	88.88	100

注：其他包括血清、卵黄抗体、抗毒素、干扰素、转移因子口服液等。

4.2.2　禽用强制免疫疫苗

2012 年，禽用强制免疫疫苗销量 109.8 亿羽份/亿毫升，同比增加 17.89 亿羽份/亿毫升，增幅为 19.46%（图 4-6）；禽用强制免疫疫苗销售额 13.68 亿元，同比增加 0.28 亿元，增幅为 2.09%（图 4-7）。2012 年，禽用生物制品总销售额 32.02 亿元，强制免疫产品销售额占禽用生物制品总销售额的 42.72%，这一比重与 2011 年相比略微下降。

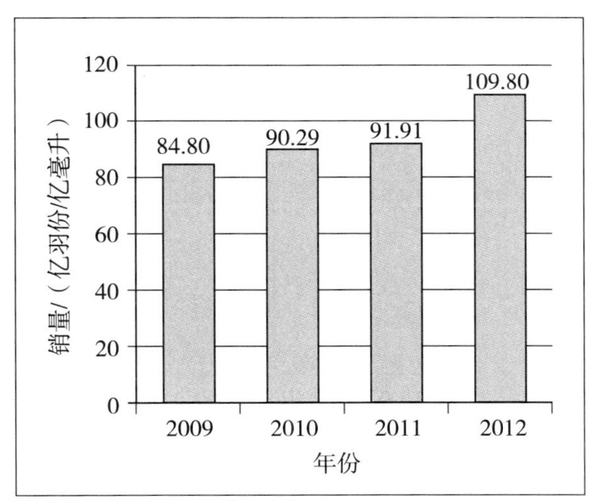

图 4-6　禽用强制免疫疫苗销量年度比较

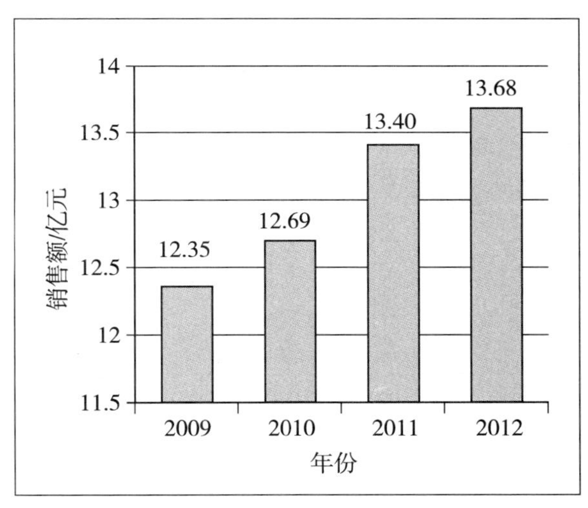

图 4-7　禽用强制免疫疫苗销售额年度比较

4.2.3　猪用强制免疫疫苗

2012 年，猪用强制免疫疫苗销量 72 亿头份/亿毫升，同比增加 7.98 亿头份/亿毫升，增幅为 12.46%（图 4-8）；猪用强制免疫疫苗销售额 35.3 亿元，同比增加 5.68 亿元，增幅为

19.18%（图4-9）。2012年，猪用生物制品总销售额43.92亿元，强制免疫产品销售额占猪用生物制品总销售额的80.37%。

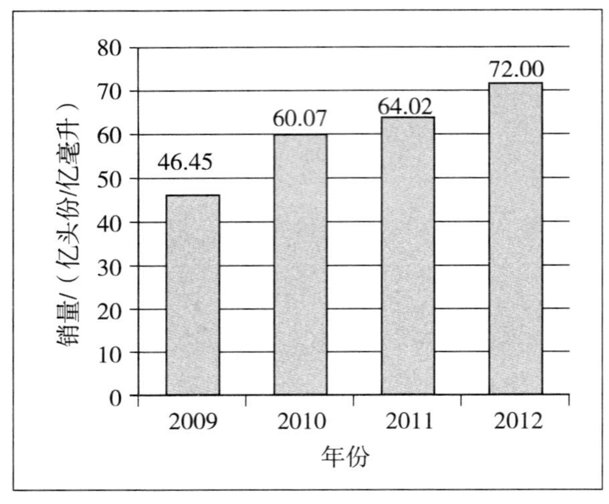

图4-8　猪用强制免疫疫苗销量年度比较

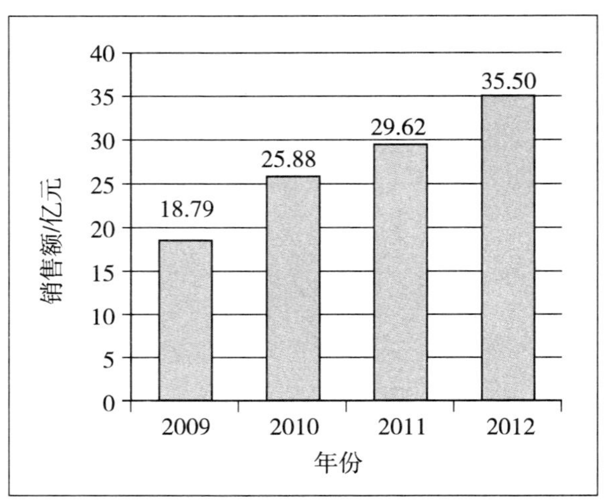

图4-9　猪用强制免疫疫苗销售额年度比较

4.2.4　牛、羊用强制免疫疫苗

2012年，牛、羊用强制免疫疫苗销量11.24亿毫升，同比增加0.1亿毫升，增幅为0.9%；牛、羊用强制免疫疫苗销售额5.27亿元，同比减少0.87亿元，降幅为14.17%（图4-10，图4-11）。2012年，牛、羊用生物制品总销售额5.83亿元，强制免疫产品销售额占牛、羊马用生物制品总销售额的90.39%。

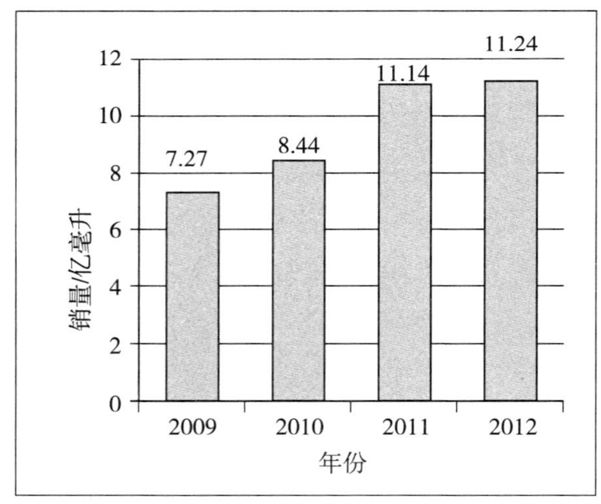

图4-10　牛、羊强制免疫疫苗销量年度比较

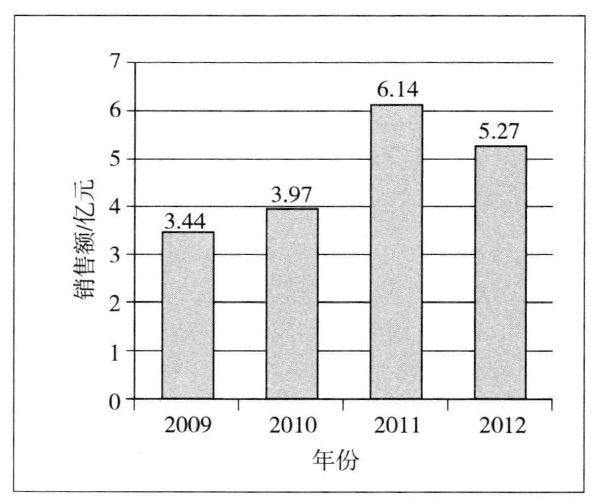

图4-11　牛、羊强制免疫疫苗销售额年度比较

4.3　其他生物制品

4.3.1　基本情况

2012年，除强制免疫疫苗以外的其他生物制品销量852.61亿羽份/亿头份/亿毫升，销售额

合计为34.63亿元，销售额同比增加了10.46亿元，增幅为43.28%（表4-11）。2012年，生物制品总销售额88.88亿元，除强制免疫疫苗以外的产品销售额占总销售额的38.96%，这一比重比2011年的32.96%上升了6个百分点。

表4-11　其他生物制品销量与销售额

年份	销量/(亿头份/亿羽份/亿毫升)	销售额/亿元
2009	—	17.20
2010	824.76	19.59
2011	922.04	24.17
2012	852.61	34.63

注：本表数据包括除强制免疫疫苗以外的所有生物制品，包括常规疫苗、诊断试剂、血清等。单位为孔、卡、条的诊断试剂盒或诊断试剂卡的销量未计入。

4.3.2　主要常规疫苗

表4-12给出了销售额相对较大的9种禽用常规苗和3种猪用常规苗的销售数据。禽用常规苗中，销售额超过1亿元的有：鸡新城疫、传染性支气管炎二联活疫苗（La Sota株+H120株）、鸡新城疫活疫苗（La Sota株）。猪用常规苗中，销售额超过1亿元的有：猪圆环病毒2型灭活疫苗（LG/SH/WH/DBN-SX07株）、伪狂犬病活疫苗（Bartha-K61株）和猪繁殖与呼吸综合征疫苗（非强制免疫）。9种禽用常规苗和3种猪用常规苗的市场份额情况见表4-13。

表4-12　主要常规苗销量与销售额

产品名称	销　量（亿羽份/亿头份/亿毫升）	销售额/亿元
鸡新城疫、传染性支气管炎二联活疫苗（La Sota株+H120株）	129.69	1.61
鸡新城疫活疫苗（La Sota株）	182.49	1.39
鸡新城疫、禽流感（H9亚型）二联灭活疫苗（La Sota株+F株）	6.18	0.96
鸡新城疫灭活疫苗（La Sota株）	6.97	0.93
禽流感灭活疫苗（H9亚型）	6.20	0.91
鸡传染性法氏囊病活疫苗（B87株）	63.46	0.41
鸡痘活疫苗（鹌鹑化弱毒株）（细胞苗）	29.02	0.22
鸡传染性鼻炎（A型）灭活疫苗	1.36	0.20
鸡新城疫、减蛋综合征二联灭活疫苗（La Sota株+京911株）	0.89	0.10
猪圆环病毒2型灭活疫（LG/SH/WH/DBN-SX07株）	0.84	2.74
伪狂犬病活疫苗（Bartha-K61株）	2.05	1.44
猪繁殖与呼吸综合征疫苗*	0.74	1.40

注：*表示非强制免疫。

表 4-13　12 种主要常规苗市场份额

产品名称	市场份额*/%
鸡新城疫、传染性支气管炎二联活疫苗（La Sota 株＋H120 株）	1.81
鸡新城疫活疫苗（La Sota 株）	1.56
鸡新城疫、禽流感（H9 亚型）二联灭活疫苗（La Sota 株＋F 株）	1.08
鸡新城疫灭活疫苗（La Sota 株）	1.05
禽流感灭活疫苗（H9 亚型）	1.02
鸡传染性法氏囊病活疫苗（B87 株）	0.46
鸡痘活疫苗（鹌鹑化弱毒株）（细胞苗）	0.25
鸡传染性鼻炎（A 型）灭活疫苗	0.23
鸡新城疫、减蛋综合征二联灭活疫苗（La Sota 株＋京 911 株）	0.11
猪圆环病毒 2 型灭活疫（LG/SH/WH/DBN-SX07 株）	3.08
伪狂犬病活疫苗（Bartha-K61 株）	1.62
猪繁殖与呼吸综合征疫苗**	1.58
合计	13.85

注：* 表示某种产品销售额占生物制品总销售额的比重；** 表示非强制免疫。

在表 4-12 列出的 9 种禽用常规苗中，销售额同比增加的有 7 种，分别是鸡新城疫、传染性支气管炎二联活疫苗（La Sota 株＋H120 株）从 2011 年的 1.14 亿元增加至 2012 年的 1.61 亿元，增幅为 41.23%；鸡新城疫活疫苗（La Sota 株）从 2011 年的 1.14 亿元增加至 2012 年的 1.39 亿元，增幅为 21.93%；鸡新城疫、禽流感（H9 亚型）二联灭活疫苗（La Sota 株＋F 株）从 2011 年的 0.57 亿元增加至 2012 年的 0.96 亿元，增幅为 68.42%；鸡新城疫灭活疫苗（La Sota 株）从 2011 年的 0.81 亿元增加至 2012 年的 0.93 亿元，增幅 14.81%；禽流感灭活疫苗（H9 亚型）从 2011 年的 0.9 亿元增加至 2012 年的 0.91 亿元，增幅 1.11%；鸡痘活疫苗（鹌鹑化弱毒株）（细胞苗）和鸡传染性鼻炎（A 型）灭活疫苗这两种虽然所占份额不多，但相较于其他常规苗 2012 年销售好于去年。

9 种禽用常规苗中，销售额同比减少的有 2 种，分别是鸡传染性法氏囊病活疫苗（B87 株）从 2011 年的 0.94 亿元减少至 2012 年的 0.41 亿元，降幅为 56.38%；鸡新城疫、减蛋综合征二联灭活疫苗（La Sota 株＋京 911 株）从 2011 年的 0.14 亿元减少至 2012 年的 0.1 亿元，降幅为 28.57%

2012 年，3 种猪用常规苗的销售额相较于 2011 年有 2 种增加，1 种减少。猪圆环病毒 2 型灭活疫苗（LG/SH/WH/DBN-SX07 株）从 2011 年的 1.23 亿元增加至 2012 年的 2.74 亿元，增幅为 122.76%；伪狂犬病活疫苗（Bartha-K61 株）销售额从 2011 年的 1.26 亿元增加至 2012 年的 1.44 亿元，增幅为 14.29%；猪繁殖与呼吸综合征疫苗（非强制免疫）从 2011 年的 2.21 亿元减少至 2012 年的 1.4 亿元，降幅达到 28.66%。

第5章 进出口情况

本章分进口情况和出口情况 2 小节。其中，进口情况从使用动物和产品类别的角度分别进行介绍。出口情况按出口目的地进行介绍。

5.1 进口情况

进口金额以人民币计价。图 5－1 数据显示，2006—2009 年进口生物制品销售额逐年上升，2010 年有所下降，2011 年迅速回升。但是 2012 年又有所下降。

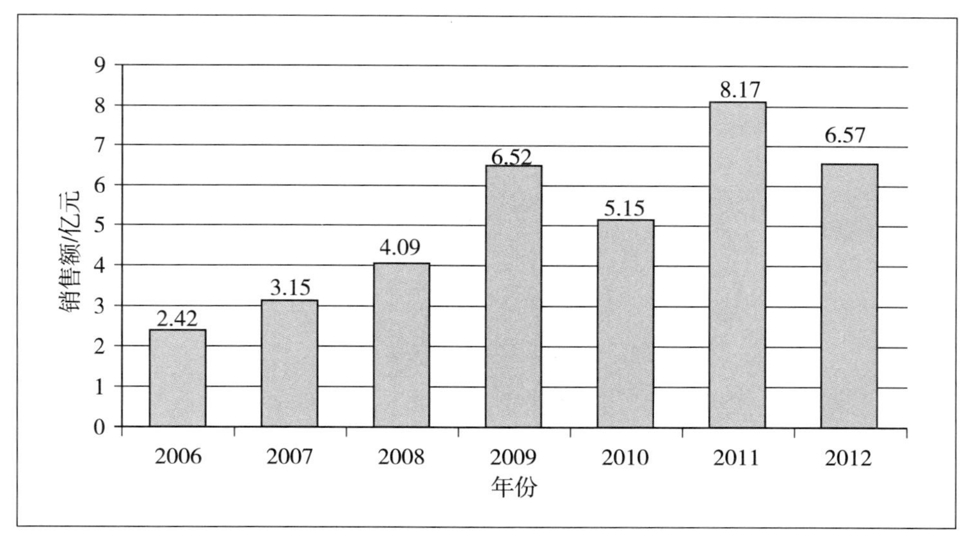

图 5－1 2006—2012 年进口生物制品销售额

2012 年，进口生物制品销售额 6.57 亿元，相较于去年有所减少。其中，活疫苗销量 14.32 亿羽份/亿头份，销售额 2.9 亿元，灭活疫苗销量 1.76 亿毫升，销售额 3.66 亿元（表 5－1）。

按使用动物分类，2012 年进口猪用疫苗销售额 2.86 亿元，占进口生物制品销售总额的 43.53%；进口禽用疫苗销售额 2.48 亿元，占进口生物制品销售总额的 37.75%；进口宠物及其他用的疫苗销售额 1.23 亿元，占进口生物制品销售总额的 18.72%（图 5－2）。

表 5－1　进口生物制品销量及销售额（按产品类别分类）

产品类别	销量	销售额/亿元
活疫苗	14.32 亿羽份/亿头份	2.90
灭活疫苗	1.76 亿毫升	3.66
其他	9.44 万羽份/万头份	0.01
合计	—	6.57

猪用疫苗中，以下产品的进口金额在 2 000 万元以上：猪伪狂犬病活疫苗、猪伪狂犬病灭活疫苗、猪圆环病毒 2 型杆状病毒载体灭活疫苗、猪支原体肺炎灭活疫苗。

禽用疫苗中，以下产品的进口金额在 1 000 万元以上：鸡传染性鼻炎二价灭活疫苗（A 型 221 株+C 型 H-18 株）、鸡传染性法氏囊病复合冻干活疫苗（W2512 G-61 株）、鸡传染性法氏囊病活疫苗（I-65 株）、鸡传染性法氏囊病活疫苗（W2512 G-61 株）、鸡毒支原体灭活疫苗（R 株）、鸡马立克氏病活疫苗（CVI988 株）、鸡新城疫灭活疫苗。

宠物及其他用疫苗中，进口金额在 1 000 万元以上的有：狂犬病灭活疫苗，犬瘟热、传染性肝炎、细小病毒病、副流感四联活疫苗，犬瘟热、细小病毒病二联活疫苗，犬瘟热、腺病毒病、细小病毒病、副流感病毒 2 型呼吸道感染四联活疫苗，犬钩端螺旋体病、黄疸出血钩端螺旋体病二联灭活疫苗。

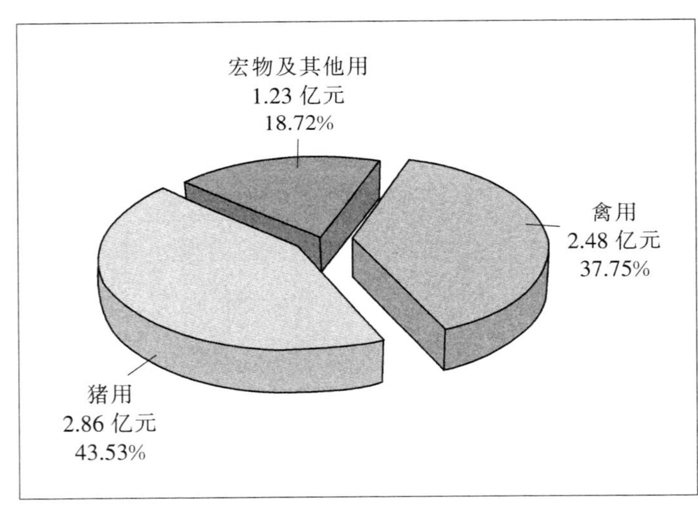

图 5－2　进口生物制品销售额（按使用动物分类）

5.2　出口情况

表 5－2 反映了 2012 年生物制品的出口情况。数据显示，2012 年我国共向 6 个国家出口生物制品共计 6 503.89 万元，相较于去年出口金额有所增加。2008—2012 年生物制品出口情况见表 5－3。

表 5-2　2012 年出口生物制品销售额（按出口目的地分类）

出口目的地	出口金额/万元
越南	3 069.98
埃及	2 489.09
希腊	569.00
印度尼西亚	352.45
孟加拉国	3.00
蒙古	20.37
合计	6 503.89

注：出口金额以人民币计价。

表 5-3　2008—2012 年生物制品出口情况对照表

	2008 年	2009 年	2010 年	2011 年	2012 年
出口目的地	印度尼西亚 埃及 越南 蒙古	印度尼西亚 埃及 越南 印度 蒙古及其他	印度尼西亚 埃及 越南 约旦 蒙古 泰国及我国香港	印度尼西亚 埃及 越南	印度尼西亚 埃及 越南 希腊 孟加拉国 蒙古
出口金额/万元	6 482.28	5 303.30	5 270.57	2 776.49	6503.89

注：出口金额以人民币计价，2009 年其他出口目的地包括约旦和法国等，因金额较小合并一处。

Annual Report on Development of Veterinary Medicine Industry in China (2012)

化学药品及中药篇

第6章　整体情况
第7章　原料药
第8章　化学药品制剂
第9章　中药制剂
第10章　进出口情况

第6章 整体情况

本章共分6小节，分别是企业数量、资产规模、人力资源、经济效益、销售区域和研发情况。

6.1 企业数量

截至2012年年底，全国共有化药企业1 716家。2012年，除248家企业（新建180家、停产68家）无法填报数据外，应有1 468家化药企业参与填报，实际共收集到1 452家企业提交的有效数据。其中，原料药企业[①] 108家，制剂企业[②] 1 182家，中药企业[③] 162家。图6-1为历年首次通过GMP验收企业数，该图数据来源为农业部兽药GMP工作委员会办公室。

6.1.1 历年首次通过GMP验收企业数

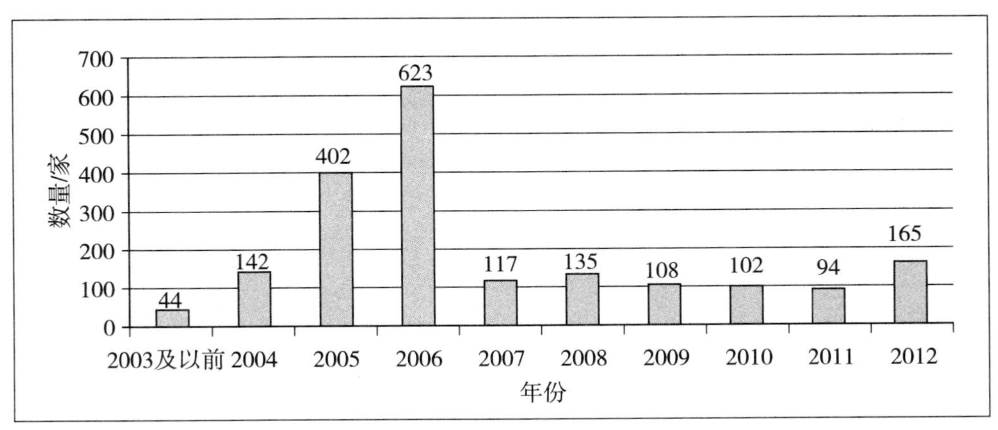

图6-1 历年首次通过GMP验收企业数

（图中企业有216家已经注销，通过GMP验收不等于是新建企业）

---

① 原料药企业是指原料药产品销售额占企业总销售额50%以上的企业。

② 制剂企业是指化药制剂产品销售额占企业总销售额50%以上的企业。

③ 中药企业是指中药产品销售额占企业总销售额50%以上的企业。

6.1.2 企业规模

从不同类型、不同规模的化药企业来看，微型企业有95家，占化药企业总数的6.54%；小型企业有554家，占化药企业总数的38.16%；中型企业有777家，占化药企业总数的53.51%；大型企业有26家，占化药企业总数的1.79%，详见表6-1及图6-2至图6-4。不同规模中药企业数量及所占比重见图6-5。

表6-1 不同规模化药企业数量

单位：家

企业类型	微型企业	小型企业	中型企业	大型企业	合计
原料药企业	0	15	79	14	108
制剂企业	75	460	635	12	1 182
中药企业	20	79	63	0	162
合计	95	554	777	26	1 452

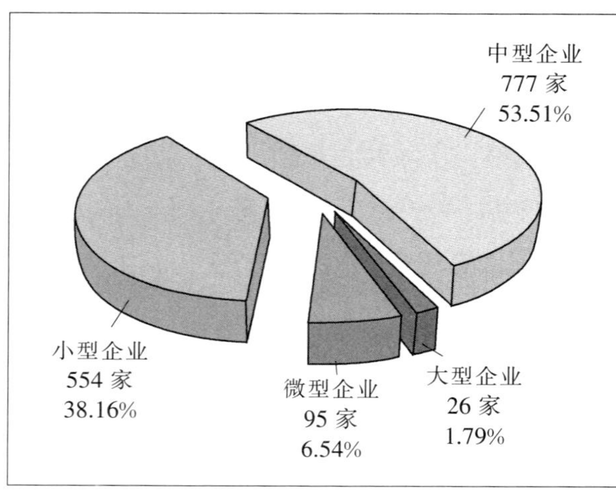

图6-2 不同规模化药企业数量及所占比重

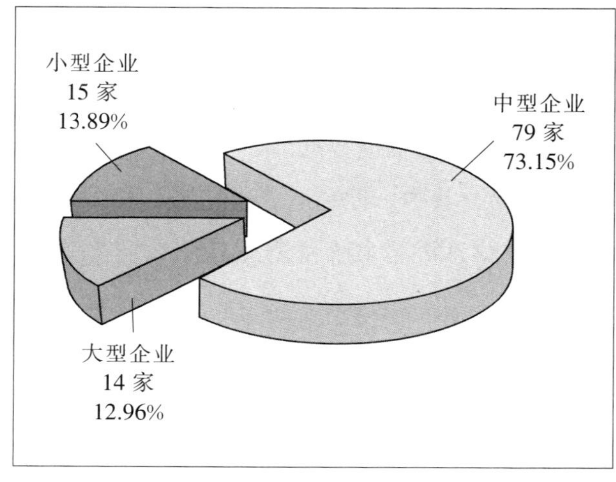

图6-3 不同规模原料药企业数量及所占比重

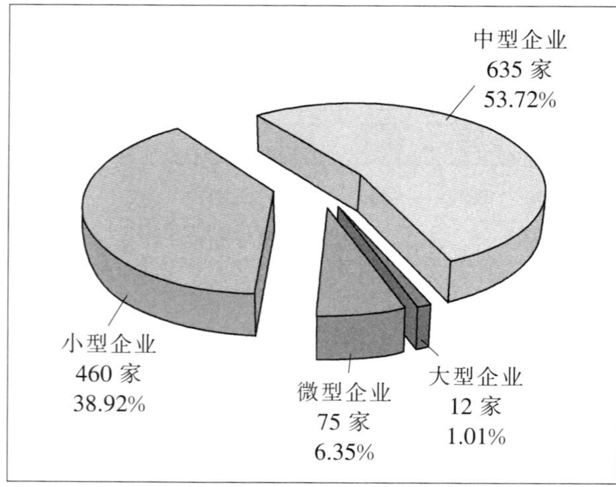

图6-4 不同规模制剂企业数量及所占比重

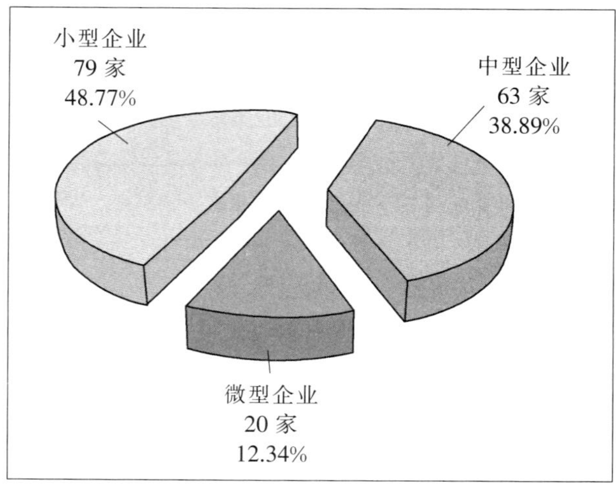

图6-5 不同规模中药企业数量及所占比重

6.2 资产规模

截至2012年年底，1 452家化药企业资产总额835.86亿元，固定资产353.48亿元。其中108家原料药企业资产总额372.84亿元，固定资产180.41亿元；1 182家制剂企业资产总额438.66亿元，固定资产162.14亿元；162家中药企业资产总额24.36亿元，固定资产10.93亿元。

表6-2 化药企业资产总额及固定资产

企业类型	企业数量/家	资产总额/亿元	占化药企业资产总额比重/%	固定资产/亿元	占化药企业固定资产比重/%
原料药企业	108	372.84	44.61	180.41	51.04
制剂企业	1 182	438.66	52.48	162.14	45.87
中药企业	162	24.36	2.91	10.93	3.09
合计	1 452	835.86	100	353.48	100

6.3 人力资源

人才是企业发展、行业进步的重要因素，兽药产业的不断升级离不开人力资源构成状况的改善。2012年，化药企业共有从业人员144 865人，其中，有24.98%的从业人员拥有本科及以上学历。3.18%的从业人员拥有高级职称。图6-6和图6-7反映了化药企业从业人员的学历和职称状况。

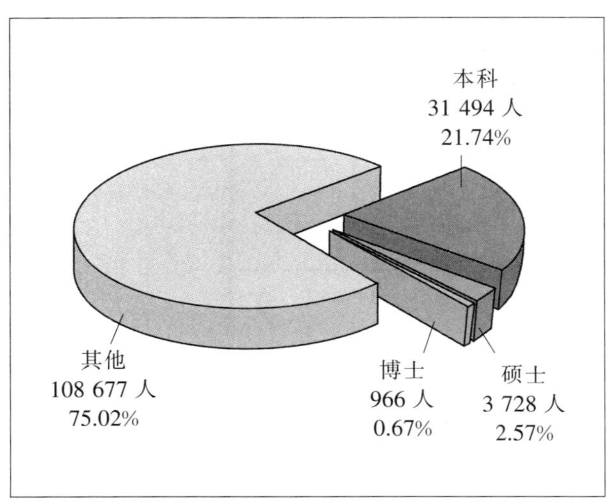

图6-6 化药企业人力资源情况——学历

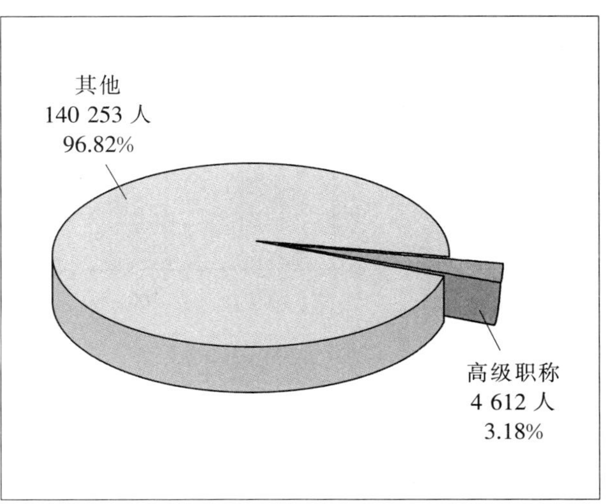

图6-7 化药企业人力资源情况——职称

6.4 经济效益

6.4.1 化药企业产值（图 6－8）

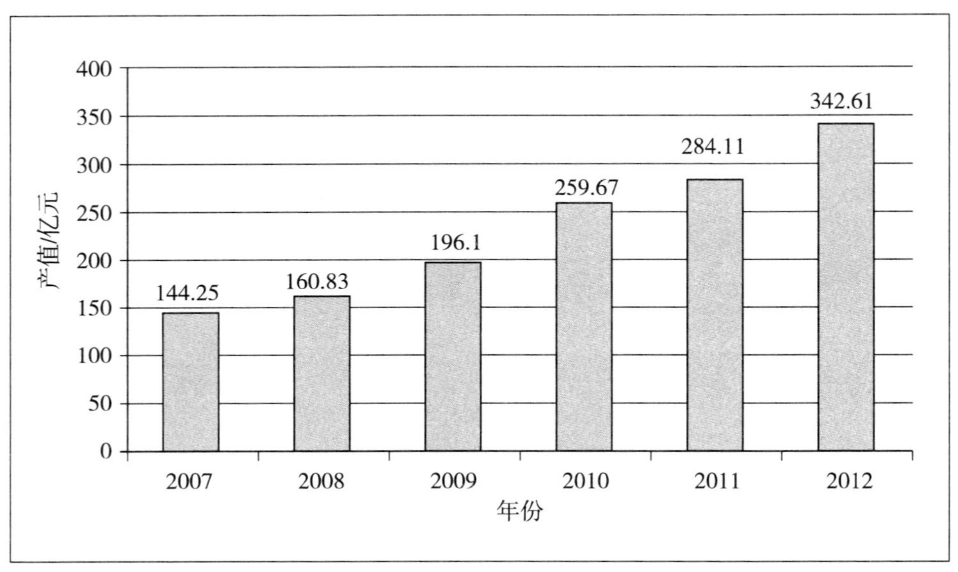

图 6－8　2007—2012 年化药企业产值

6.4.2 化药企业销售额（图 6－9）

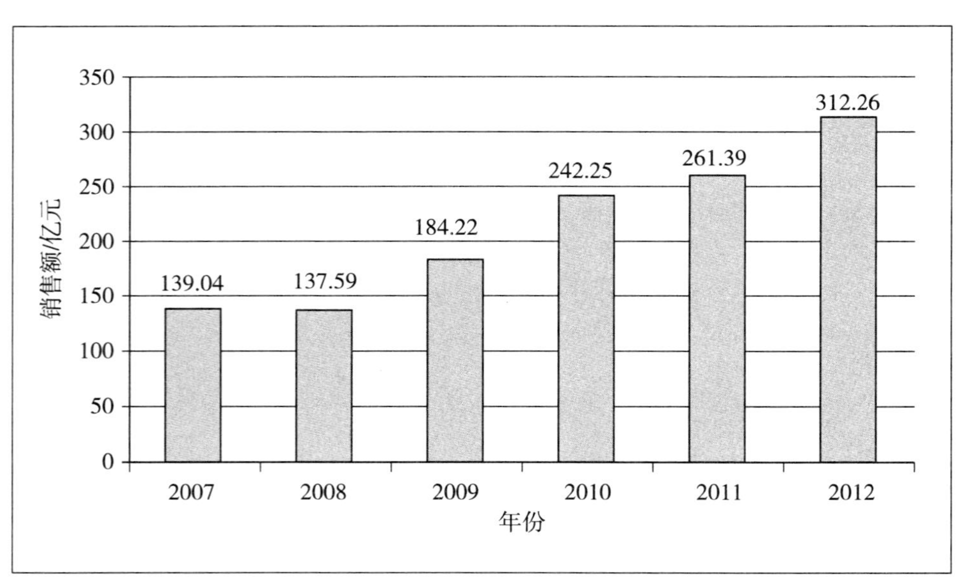

图 6－9　2007—2012 年化药企业销售额

由于每年填报率的不同，为了不影响年复合增长率的计算，将每年的产值和销售额分别除以填报率进行修正，修正后 2007 年到 2012 年的产值年复合增长率为 11.78%，销售额年复合增长率为 10.53%。2012 年化药企业实现毛利 69.6 亿元，毛利率 22.29%，同比下降了 0.72 个百分点。

6.4.3 化药企业资产利润率

截至2012年年底，化药企业资产总额835.86亿元，毛利69.6亿元，资产利润率（资产报酬率）8.33%。不同规模化药企业的资产利润率（资产报酬率）差距较大。2012年，资产利润率最高的是中型企业，其次为大型企业，微型企业和小型企业这两类企业的资产利润率明显过低，详见图6-10。

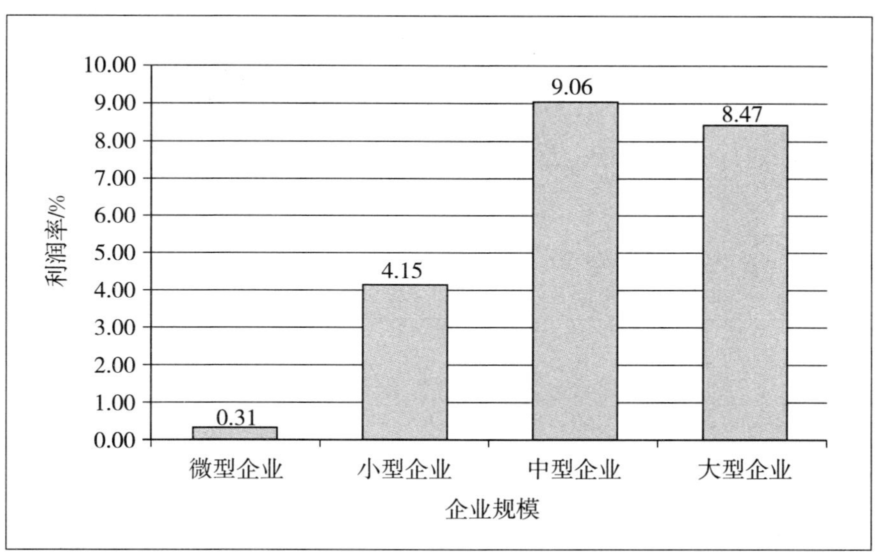

图6-10 不同规模化药企业资产利润率

6.4.4 化药企业毛利率

2012年化药企业平均毛利率22.29%，中型企业的毛利率最高，其次为小型企业，大型企业的毛利率与小型企业相差不多，详见图6-11。

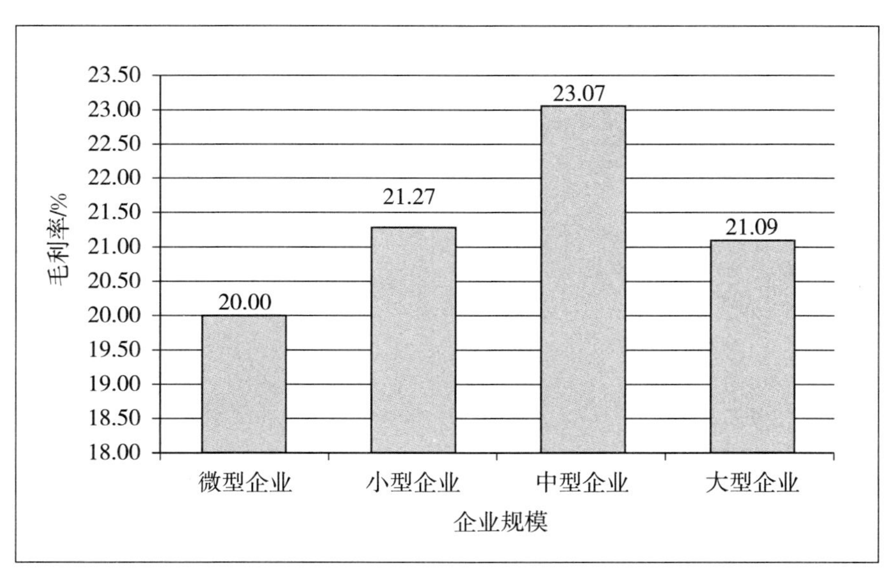

图6-11 不同规模化药企业毛利率

6.5 销售区域

2012年，化药企业中全国销售区域内企业数量排名前三的是山东、广东、河南三省，而选择华北、东北、华东、华中、华南、西南和西北划分的销售区域的企业数量分布见图6-12。

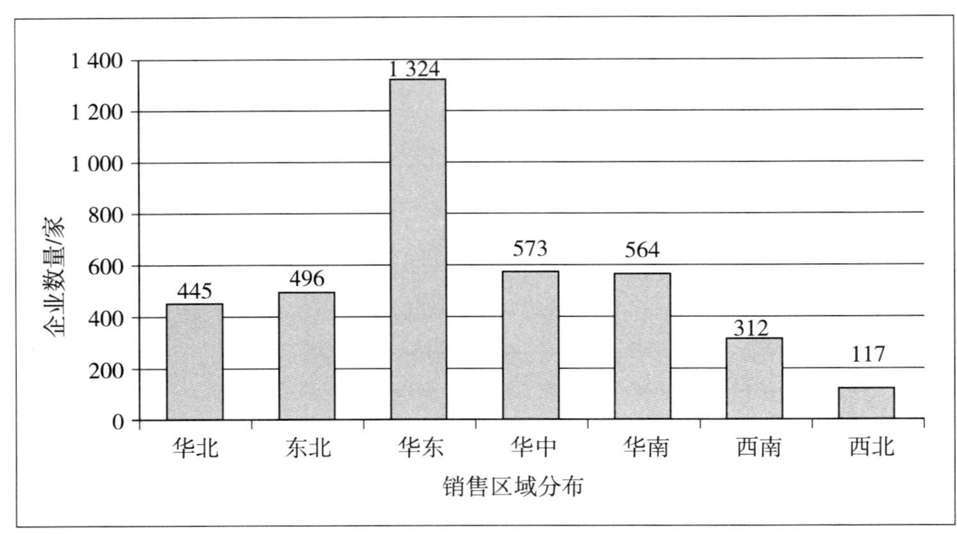

图6-12 化药企业主要销售区域分布

6.6 研发情况

6.6.1 研发成果

表6-3数据显示，2012年，农业部共核发化学药品新兽药证书22个。其中，一类3个，二类2个，三类10个，四类6个，五类1个。

表6-3 2008—2012年化学药品新兽药证书核发数量

单位：个

类别	2008年	2009年	2010年	2011年	2012年
一类	0	1	0	0	3
二类	10	5	8	11	2
三类	6	10	14	3	10
四类	1	3	4	8	6
五类	0	0	0	2	1
合计	17	19	26	24	22

注：此表数据来源为农业部公告。

图6-13数据显示，2008—2010年化学药品新兽药的总数呈逐年上升的态势，与前四年相

比，2012 年新兽药总数有所减少，但是一类新兽药的数量超过了前四年的总和，可见化药企业的研发方向发生转变，开始着眼于高、精、尖。

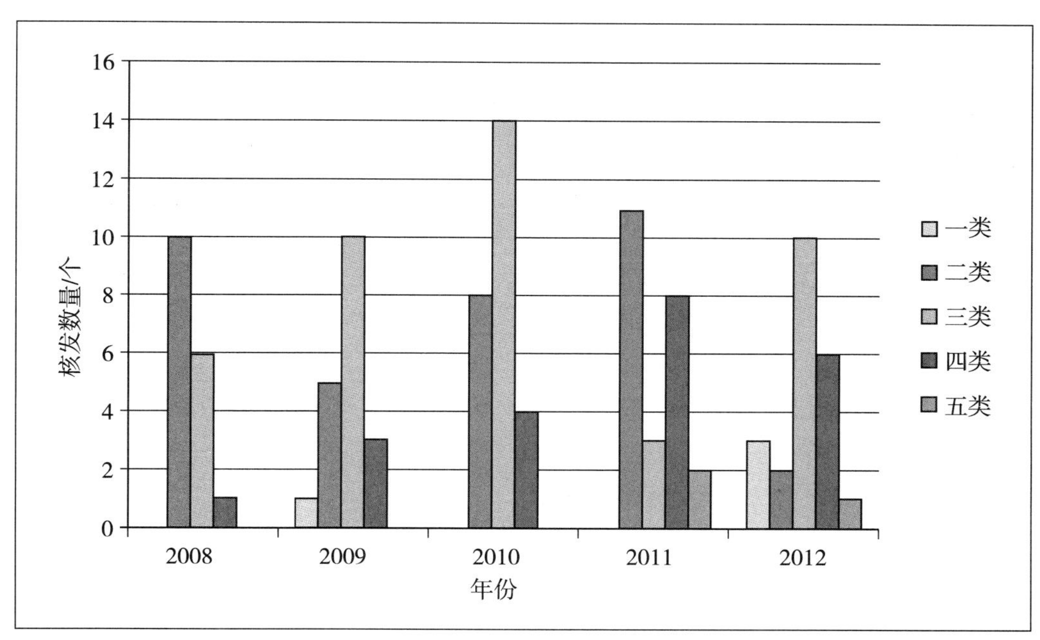

图 6－13　化学药品新兽药证书核发情况

2012 年各类化学药品新兽药名称及研制单位见表 6－4 至表 6－8。

表 6－4　2012 年一类化学药品新兽药名称及研制单位

新兽药名称	研制单位
紫锥菊	青岛康地恩药业股份有限公司 齐鲁动物保健品有限公司 青岛六和药业有限公司 潍坊诺达药业有限公司 齐鲁动物保健品（临邑）有限公司
紫锥菊口服液	青岛康地恩药业股份有限公司 齐鲁动物保健品有限公司 青岛六和药业有限公司 潍坊诺达药业有限公司 齐鲁动物保健品（临邑）有限公司
紫锥菊末	青岛康地恩药业股份有限公司 齐鲁动物保健品有限公司 青岛六和药业有限公司 潍坊诺达药业有限公司 齐鲁动物保健品（临邑）有限公司

注：多个单位联合申报并共同获得 1 个新兽药证书的，合并列出，产品名称及单位排名按农业部公告；多个单位分别申报并各自获得新兽药证书的，分开单列。

表 6－5　2012 年二类化学药品新兽药名称及研制单位

新兽药名称	研制单位
盐酸沃尼妙林	沈阳伟嘉牧业技术有限公司 北京伟嘉人生物技术有限公司
盐酸沃尼妙林预混剂 10%	沈阳伟嘉牧业技术有限公司 北京伟嘉人生物技术有限公司

注：多个单位联合申报并共同获得 1 个新兽药证书的，合并列出，产品名称及单位排名按农业部公告；多个单位分别申报并各自获得新兽药证书的，分开单列。

表 6－6　2012 年三类化学药品新兽药名称及研制单位

新兽药名称	研制单位
芩藤注射液	通威股份有限公司 成都通威三新药业有限公司
阿莫西林钠	齐鲁晟华制药有限公司
人参叶口服液	浙江大学 江西中成中药原料有限公司
香芪颗粒	吉林大学 江西中成中药原料有限公司
参芪粉	无锡正大畜禽有限公司动物保健品厂
蛇床子溶液	常州市武进动物药品有限公司
蜘蛛香散	通威股份有限公司
注射用黄连	江西中成药业集团有限公司 江西中成中药原料有限公司
注射用黄芩	江西中成药业集团有限公司 江西中成中药原料有限公司
苦参苍术口服液	洛阳惠中兽药有限公司 中国兽医药品监察所

注：多个单位联合申报并共同获得 1 个新兽药证书的，合并列出，产品名称及单位排名按农业部公告；多个单位分别申报并各自获得新兽药证书的，分开单列。

表 6－7　2012 年四类化学药品新兽药名称及研制单位

新兽药名称	研制单位
柴葛解肌颗粒	天津生机集团股份有限公司
头孢噻呋注射液	华南农业大学 洛阳惠中兽药有限公司 瑞普（天津）生物药业有限公司 广西天荣生物科技有限公司

（续）

新兽药名称	研制单位
吡喹酮硅胶棒	丹东市绿丹和华动物药业有限公司 新疆维吾尔自治区疾病预防控制中心
防己合剂	江西中成药业集团有限公司
盐酸头孢噻呋注射液	上海市兽药饲料检测所 华南农业大学 上海公谊兽药厂 挑战（天津）动物药业有限公司 广东大华农动物保健品股份有限公司动物保健品厂
复方达克罗宁滴耳液	北京康牧兽医药械中心制药厂

注：多个单位联合申报并共同获得1个新兽药证书的，合并列出，产品名称及单位排名按农业部公告；多个单位分别申报并各自获得新兽药证书的，分开单列。

表6－8　2012年五类化学药品新兽药名称及研制单位

新兽药名称	研制单位
亚甲基水杨酸杆菌肽预混剂	浦城绿康生化有限公司

注：多个单位联合申报并共同获得1个新兽药证书的，合并列出，产品名称及单位排名按农业部公告；多个单位分别申报并各自获得新兽药证书的，分开单列。

6.6.2　研发投入

2012年，兽药生产企业研发资金总投入25.65亿元，占兽药产业总销售收入的6.39%。2012年，化药企业研发资金总投入为19.42亿元，占年总销售额的6.22%，略低于行业总体水平，详见表6－9。

表6－9　2008—2012年化药企业研发资金投入

年份	年度研发资金总投入/亿元	占年总销售额的比重/%
2008	4.47	3.25
2009	9.30	5.05
2010	10.33	4.26
2011	12.92	4.94
2012	19.42	6.22

6.6.3 研发人员

2012年，提交数据的1 452家化药企业，共有研发人员12 662人，其中36.95%的研发人员具有中级职称，17.38%的研发人员具有高级职称，详见图6-14。

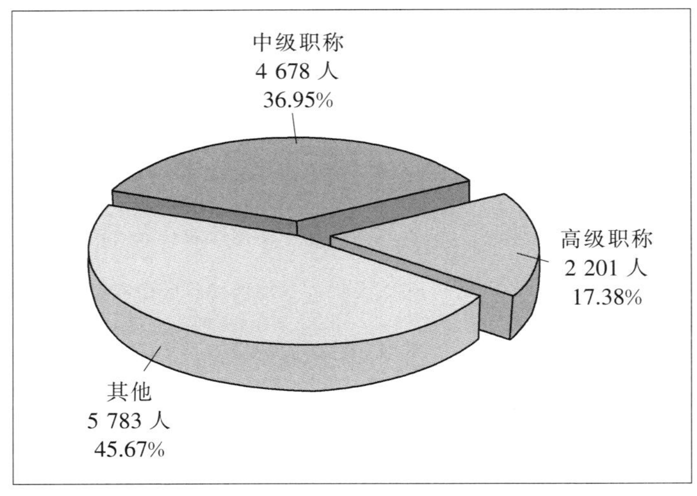

图6-14 化药企业研发人员配备情况

6.6.4 研发方式

2012年，有918家化药企业选择与研究单位联合研发，是三种研发方式中最多的一项。自主研发的企业有864家，仅次于与研究单位联合研发，详见图6-15。

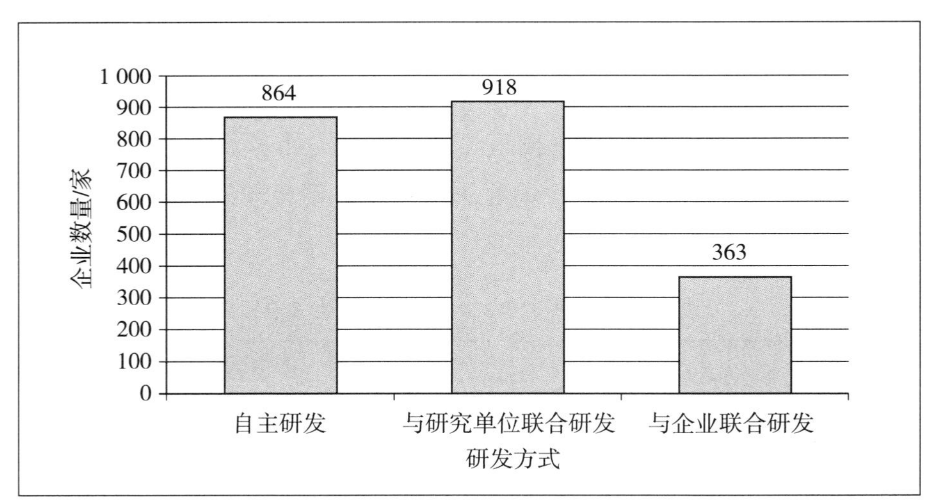

图6-15 化药企业研发方式选择情况

6.6.5 研发资金使用方向

2012年，从化药企业的研发资金使用的方向选择来看，有724家化药企业选择用在新药的

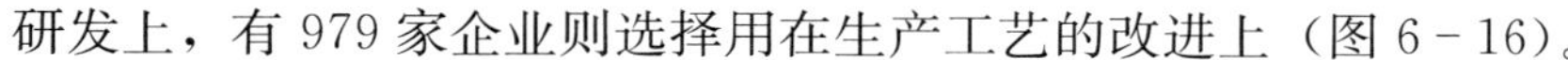

研发上，有 979 家企业则选择用在生产工艺的改进上（图 6－16）。

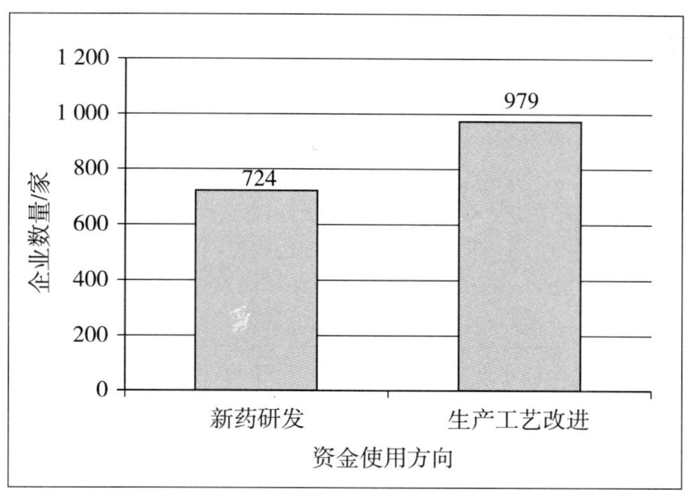

图 6－16　化药企业研发资金使用方向

6.6.6　研发资金投入方式

2012 年，在研发资金投入上，有 1 124 家化药企业选择自主或联合研发，有 323 家化药企业选择购买外单位转让的技术。

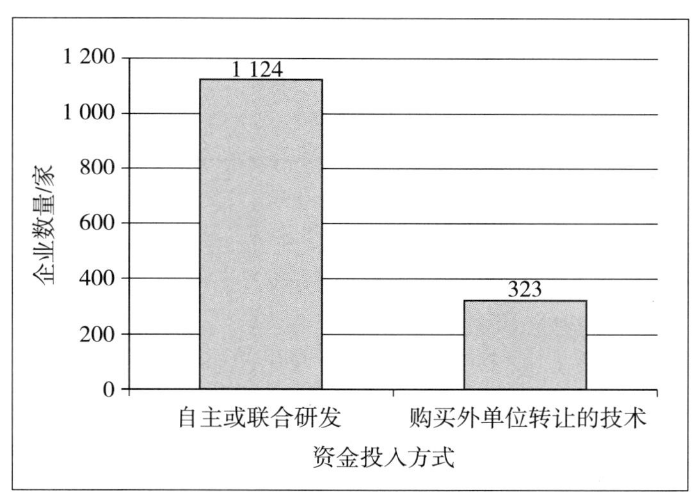

图 6－17　化药企业研发资金投入方式

第7章 原料药

本章共分为5小节，分别是生产能力及产能利用率、原料药企业的经济效益、原料药有效的批准文号数量及使用情况、原料药销售情况和产业集中度。

7.1 生产能力及产能利用率（表7-1）

表7-1 原料药生产能力及产能利用率

产品类别	年生产能力/万吨	年产量/万吨	产能利用率/%
抗微生物药	9.19	5.25	57.13
抗寄生虫药	1.17	0.56	47.86
解热镇痛抗炎药	0.05	0.01	20.00

7.2 经济效益

2012年，原料药企业实现产值107.58亿元，占化药企业总产值的31.40%，销售额100.17亿元，占化药企业总销售额的32.08%，毛利15.33亿元，占化药企业总毛利的22.03%，毛利率15.3%。不同规模原料药企业销售额和毛利分布见图7-1和图7-2。

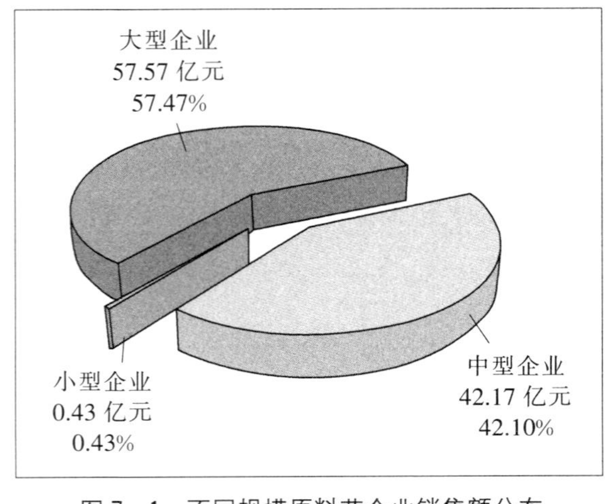

图7-1 不同规模原料药企业销售额分布

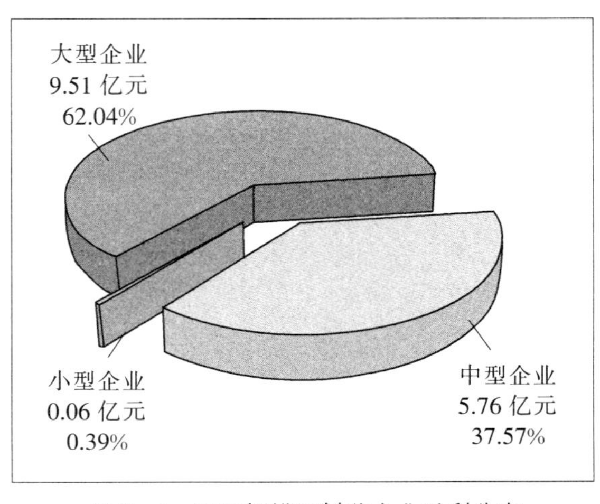

图7-2 不同规模原料药企业毛利分布

7.3 产品批准文号数量及使用情况

7.3.1 总体情况

截至2012年年底，原料药有效的批准文号556个。其中，抗微生物药批准文号368个，2012年实际使用了319个，批准文号使用率86.68%；抗寄生虫药批准文号133个，2012年实际使用了115个，批准文号使用率86.47%；解热镇痛抗炎药批准文号8个，2012年实际使用了6个，批准文号使用率75.00%；其他类别的原料药批准文号47个，2012年实际使用了29个，批准文号使用率61.70%，这部分产品本报告将不再过多介绍（表7-2，图7-3）。

表7-2 原料药有效的批准文号数量及使用情况

产品类别	有效的批准文号数/个	实际使用的批准文号数/个	批准文号使用率/%
抗微生物药	368	319	86.68
抗寄生虫药	133	115	86.47
解热镇痛抗炎药	8	6	75.00
其他	47	29	61.70
合计	556	469	84.35

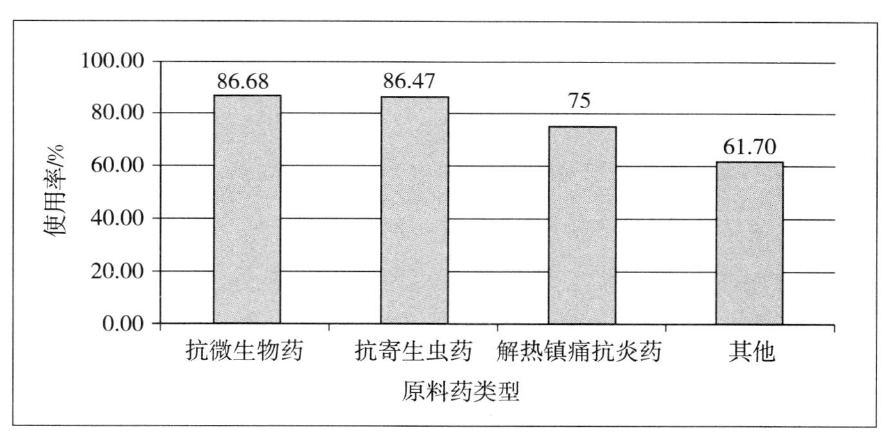

图7-3 原料药批准文号使用率

7.3.2 主要产品

1. 抗微生物药

截至2012年年底，农业部共核发抗微生物药原料药有效的批准文号368个，实际使用了319个，批准文号使用率为86.68%。批准文号数量较多的抗微生物药原料药产品分别是：氟苯尼考有批准文号23个，实际使用了22个，批准文号使用率95.65%；替米考星有批准文号19个，实际使用13个，批准文号使用率68.42%；乳酸环丙沙星有批准文号17个，实际使用了15个，批准文号使用率88.24%；乙酰甲喹有批准文号16个，实际使用了15个，批准文号使用率93.75%；磺胺间甲氧嘧啶钠有批准文号15个，实际使用了14个，批准文号使用率93.33%；盐酸多西环素有批准文号15个，实际使用了13个，批准文号使用率86.67%；批准文号使用率85.71%；乳酸诺氟沙星有批准文号13个，实际使用了12个，批准文号使用率92.31%，详见表7-3。

表7-3　有效的批准文号数量较多的抗微生物药（原料药）产品目录

产品名称	有效的批准文号数/个	实际使用的批准文号数/个	批准文号使用率/%
氟苯尼考	23	22	95.65
替米考星	19	13	68.42
乳酸环丙沙星	17	15	88.24
乙酰甲喹	16	15	93.75
磺胺间甲氧嘧啶钠	15	14	93.33
盐酸多西环素	15	13	86.67
甲磺酸培氟沙星	14	12	85.71
乳酸诺氟沙星	13	12	92.31

2. 抗寄生虫药

截至2012年年底，农业部共核发抗寄生虫药原料药有效的批准文号133个，实际使用了115个，批准文号使用率为86.47%。批准文号数量较多的抗寄生虫药原料药产品分别是：磺胺氯吡嗪钠有批准文号11个，实际使用了11个，批准文号使用率100%；尼卡巴嗪有批准文号11个，实际使用了9个，批准文号使用率81.82%；环丙氨嗪有批准文号8个，实际使用了7个，批准文号使用率87.5%；伊维菌素有批准文号8个，实际使用了7个，批准文号使用率87.5%；磺胺喹噁啉钠有批准文号6个，实际使用了6个，批准文号使用率100%，详见表7-4。

表7-4　有效的批准文号数量较多的抗寄生虫药（原料药）产品目录

产品名称	有效的批准文号数/个	实际使用的批准文号数/个	批准文号使用率/%
磺胺氯吡嗪钠	11	11	100
尼卡巴嗪	11	9	81.82
环丙氨嗪	8	7	87.50
伊维菌素	8	7	87.50
磺胺喹噁啉钠	6	6	100

7.4 销售情况

7.4.1 总体情况

2012年，原料药企业共实现销售额100.17亿元。其中抗微生物药销量4.9万吨，销售额87.64亿元；抗寄生虫药销量0.51万吨，销售额12.03亿元；解热镇痛抗炎药销量0.01万吨，销售额0.17亿元，其他原料药销售额0.33亿元（表7-5，图7-4）。

表7-5 原料药销量与销售额（按产品类别分类）

产品类别	销量/万吨	销售额/亿元
抗微生物药	4.90	87.64
抗寄生虫药	0.51	12.03
解热镇痛抗炎药	0.01	0.17
其他	0.08	0.33
合计	5.50	100.17

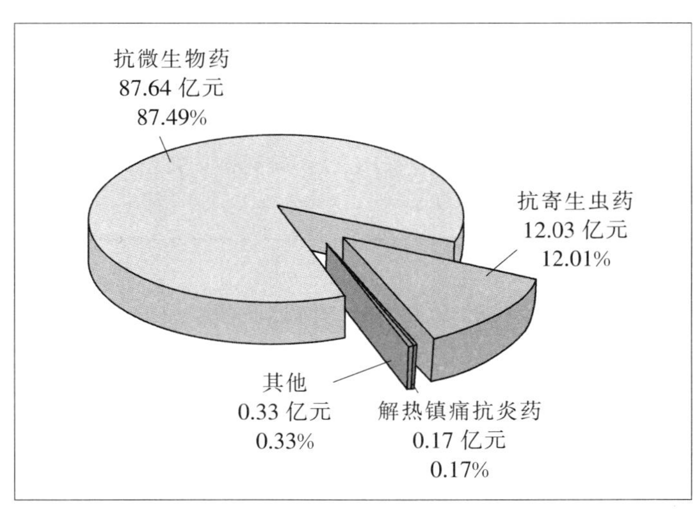

图7-4 原料药市场份额分布（按产品类别分类）

7.4.2 主要产品

1. 抗微生物药

（1）氟苯尼考 2012年，氟苯尼考原料药及各剂型制剂共实现销售额24.33亿元，其中氟苯尼考原料药销售额9.53亿元，占原料药市场份额的9.51％；各剂型制剂销售额14.8亿元（表7-6）。

表 7-6 氟苯尼考原料药及相关制剂的销量与销售额

	产品名称	销量	销售额/亿元
原料药	氟苯尼考	2 467.28 吨	9.53
制剂	氟苯尼考粉	7 168.36 吨	8.44
	氟苯尼考注射液	551.51 万升	4.51
	氟苯尼考溶液	535.11 万升	1.19
	氟苯尼考粉（水产用）	365.56 吨	0.29
	氟苯尼考可溶性粉	239.14 吨	0.30
	氟苯尼考预混剂	145.69 吨	0.07
合计（原料药和制剂）			24.33

（2）硫酸黏菌素　2012 年，硫酸黏菌素原料药及各剂型制剂共实现销售额 12.17 亿元，其中硫酸黏菌素原料药销售额 5.18 亿元，占原料药市场份额的 5.17 %；各剂型制剂销售额 6.99 亿元（表 7-7）。

表 7-7 硫酸黏菌素原料药及相关制剂的销量与销售额

	产品名称	销量	销售额/亿元
原料药	硫酸黏菌素	5 498.77 吨	5.18
制剂	硫酸黏菌素注射液	28.18 万升	0.10
	硫酸黏菌素可溶性粉	2 797.49 吨	1.90
	硫酸黏菌素预混剂	23 504.03 吨	4.99
合计（原料药和制剂）			12.17

（3）盐酸多西环素　2012 年，盐酸多西环素原料药及各剂型制剂共实现销售额 9.89 亿元，其中盐酸多西环素原料药销售额 7.2 亿元，占原料药市场份额的 7.19%；各剂型制剂销售额 2.69 亿元（表 7-8）。

表 7-8 盐酸多西环素原料药及相关制剂的销量与销售额

	产品名称	销量	销售额/亿元
原料药	盐酸多西环素	2 409.57 吨	7.20
制剂	盐酸多西环素片	244.19 吨	0.08
	盐酸多西环素粉（水产用）	147.30 吨	0.10
	盐酸多西环素可溶性粉	2 603.33 吨	2.45
	盐酸多西环素注射液	3.92 万升	0.06
合计（原料药和制剂）			9.89

（4）恩诺沙星　2012年，恩诺沙星原料药及各剂型制剂共实现销售额6.02亿元，其中恩诺沙星原料药销售额1.77亿元，占原料药市场份额的1.77%；各剂型制剂销售额4.25亿元（表7-9）。

表7-9　恩诺沙星原料药及相关制剂的销量与销售额

	产品名称	销量	销售额/亿元
原料药	恩诺沙星	840.89吨	1.77
制剂	恩诺沙星可溶性粉	2 176.49吨	1.55
	恩诺沙星粉（水产用）	1 006.97吨	0.54
	恩诺沙星片	247.04吨	0.07
	恩诺沙星溶液	282.90万升	0.73
	恩诺沙星注射液	273.63万升	1.34
	恩诺沙星溶液（蚕用）	15.83万升	0.02
合计（原料药和制剂）			6.02

2. 抗寄生虫药

（1）阿维菌素　2012年，阿维菌素原料药及各剂型制剂共实现销售额4.22亿元，其中阿维菌素原料药销售额3.27亿元，占原料药市场份额的3.26%；各剂型制剂销售额0.95亿元（表7-10）。

表7-10　阿维菌素原料药及相关制剂的销量与销售额

	产品名称	销量	销售额/亿元
原料药	阿维菌素	415.00吨	3.27
制剂	阿维菌素粉	1 275.73吨	0.32
	阿维菌素片	243.60吨	0.12
	阿维菌素溶液（水产用）	460.23万升	0.32
	阿维菌素透皮溶液	27.35万升	0.07
	阿维菌素注射液	81.47万升	0.12
	阿维菌素胶囊	1.85吨	0.003
合计（原料药和制剂）			4.22

（2）环丙氨嗪　2012年，环丙氨嗪原料药及各剂型制剂共实现销售额1.14亿元，其中环丙氨嗪原料药销售额0.81亿元，占原料药市场份额的0.81 %；各剂型制剂销售额0.33亿元（表7-11）。

表 7－11　环丙氨嗪原料药及相关制剂的销量与销售额

产品名称		销量/吨	销售额/亿元
原料药	环丙氨嗪	540.30	0.81
制剂	环丙氨嗪预混剂	1 441.18	0.33
合计（原料药和制剂）			1.14

注：由于2012年生产环丙氨嗪可溶性粉的企业不足3家，故数据不予公布。

（3）伊维菌素　2012年，伊维菌素原料药及各剂型制剂共实现销售额4.54亿元，其中伊维菌素原料药销售额2.49亿元，占原料药市场份额的2.49%；各剂型制剂销售额2.05亿元（表7－12）。

表 7－12　伊维菌素原料药及相关制剂的销量与销售额

产品名称		销量	销售额/亿元
原料药	伊维菌素	200.20吨	2.49
制剂	伊维菌素片	27.84吨	0.02
	伊维菌素溶液（水产用）	57.56万升	0.16
	伊维菌素注射液	224.30万升	1.41
	伊维菌素预混剂	1 294.62吨	0.39
	伊维菌素溶液	36.14万升	0.07
合计（原料药和制剂）			4.54

（4）磺胺氯吡嗪钠　2012年，磺胺氯吡嗪钠原料药及各剂型制剂共实现销售额2.25亿元，其中磺胺氯吡嗪钠原料药销售额0.45亿元，占原料药市场份额的0.45%；各剂型制剂销售额1.8亿元（表7－13）。

表 7－13　磺胺氯吡嗪钠原料药及相关制剂的销量与销售额

产品名称		销量/吨	销售额/亿元
原料药	磺胺氯吡嗪钠	325.88	0.45
制剂	磺胺氯吡嗪钠可溶性粉	1 878.94	1.80
合计（原料药和制剂）			2.25

7.5　产业集中度

7.5.1　综合集中度

2012年，原料药总销售额100.17亿元。销售额排名前10位的企业的销售额为49.59亿元，占原料药总销售额的 49.51%。销售额排名前 30 位的企业的销售额为 80.31 亿元，占原料药总销售额的 80.17%（图 7-5，图 7-6）。

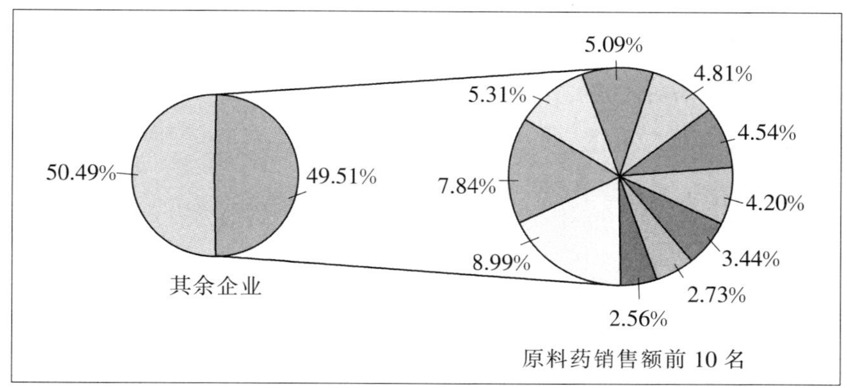

图 7-5　原料药集中度（销售额前 10 名）

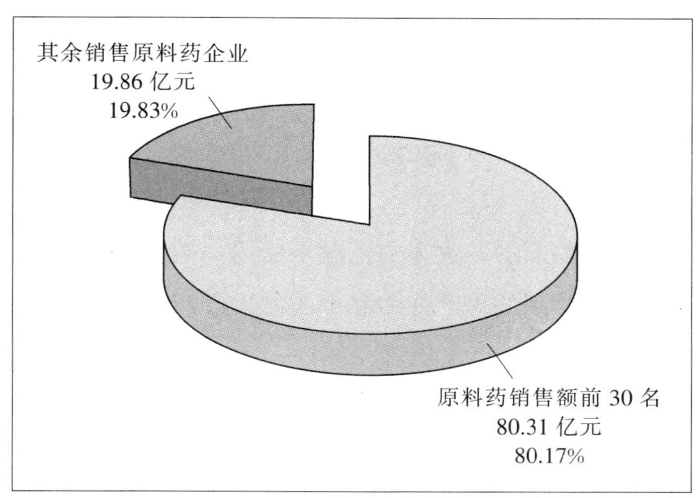

图 7-6　原料药集中度（销售额前 30 名）

7.5.2　企业排名与销售额对照表

现将与排名情况对应的销售额列举出来，方便企业通过销售额来了解本企业在行业中的排名情况（表 7-14）。需要说明的是，若集团下辖多家原料药厂的，每个原料药厂分别参与排名。

表 7-14　原料药企业排名与销售额对照表

排名	年销售额
前 10 名	2.30 亿元以上
前 20 名	1.60 亿元以上
前 30 名	0.90 亿元以上
前 40 名	0.48 亿元以上
前 50 名	0.31 亿元以上

第8章 化学药品制剂

本章共分5小节，分别是生产能力及产能利用率、制剂企业的经济效益、化药制剂有效的批准文号数量及使用情况、化药制剂的销售情况、化药制剂产业集中度。

8.1 生产能力及产能利用率

对于化药制剂和中药共有的剂型，大多数情况下使用一条生产线进行生产。所以，在按剂型统计生产能力时，无法将化药制剂的生产能力和中药的生产能力完全分开，年生产能力皆为最大理论生产能力。因此，表8-1与表9-1内容相同。

表8-1 化药制剂和中药生产能力及产能利用率

产品剂型	年生产能力	年产量	产能利用率/%
片剂	2.39万吨	1.07万吨	44.77
注射液（含大输液）	5.77亿升	0.57亿升	9.88
注射用无菌粉针剂	1.21万吨	0.24万吨	19.83
粉（散）剂预混剂	93.50万吨	39.28万吨	42.01
口服液（合剂）	4.28亿升	0.96亿升	22.43
颗粒剂	5.04万吨	0.48万吨	9.52
消毒药（固体）	13.75万吨	5.38万吨	39.13
消毒药（液体）	10.31亿升	0.41亿升	3.98

8.2 经济效益

2012年制剂企业实现产值188.55亿元，占化药企业总产值的55.03%，销售额168.98亿元，占化药企业总销售额的54.12%，毛利49.99亿元，占化药企业总毛利的71.82%，毛利率29.58%（图8-1，图8-2）。

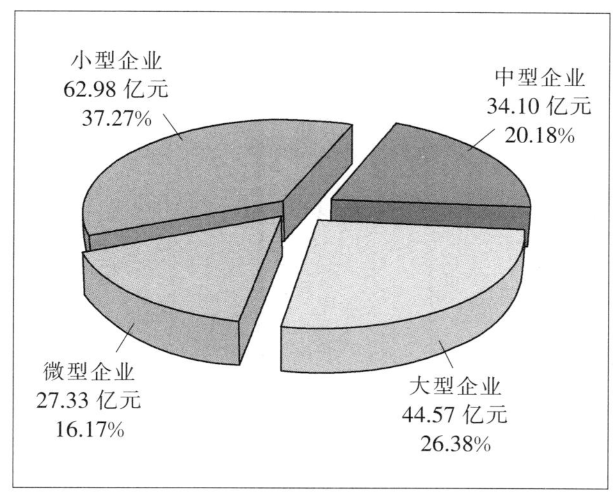

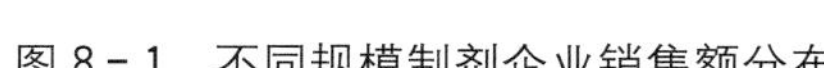
图 8－1　不同规模制剂企业销售额分布

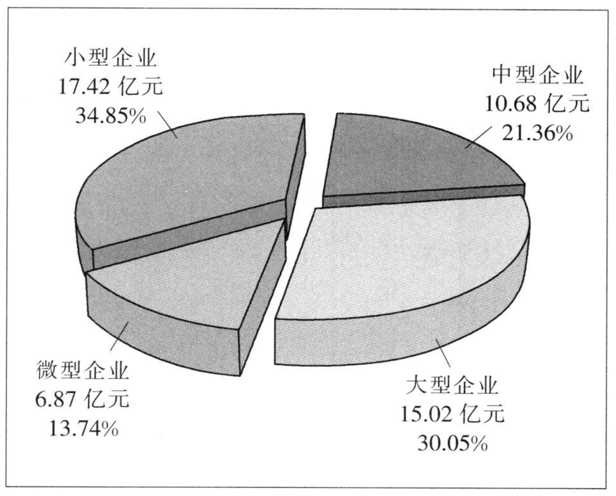

图 8－2　不同规模制剂企业毛利分布

8.3　产品批准文号数量及使用情况

8.3.1　总体情况

截至 2012 年年底，农业部共核发化药制剂有效的批准文号 60 863 个。其中，抗微生物药批准文号 37 523 个，2012 年实际使用了 23 038 个，批准文号使用率 61.4%；抗寄生虫药批准文号 7 917 个，2012 年实际使用了 4 617 个，批准文号使用率 58.31%；水产养殖用药批准文号 5 725 个，2012 年实际使用了 2 928 个，批准文号使用率 51.14%；消毒药批准文号 3 278 个，2012 年实际使用了 2 293 个，批准文号使用率 69.95%；调节组织代谢药批准文号 1 845 个，2012 年实际使用了 1 110 个，批准文号使用率 60.16%；解热镇痛抗炎药批准文号 1 549 个，2012 年实际使用 990 个，批准文号使用率 63.91%；其他类别的化药制剂批准文号 3 026 个，2012 年实际使用了 1 556 个，批准文号使用率 51.42%，这部分产品本报告将不再过多介绍，详见表 8－2 和图 8－3。

表 8－2　化药制剂有效的批准文号数量及使用情况

产品类别	有效的批准文号数/个	实际使用的批准文号数/个	批准文号使用率/%
抗微生物药	37 523	23 038	61.40
抗寄生虫药	7 917	4 617	58.31
水产养殖用药	5 725	2 928	51.14
消毒药	3 278	2 293	69.95
调节组织代谢药	1 845	1 110	60.16
解热镇痛抗炎药	1 549	990	63.91
其他	3 026	1 556	51.42
合计	60 863	36 532	60.02

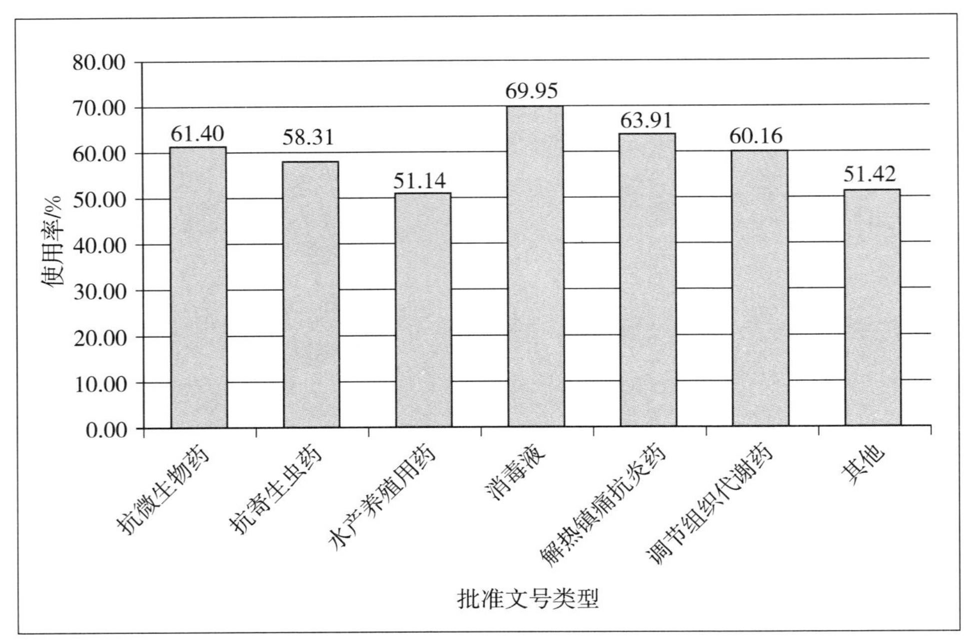

图 8－3　化药制剂批准文号使用率

8.3.2　主要产品

1. 抗微生物药

截至 2012 年年底，农业部共核发抗微生物药制剂有效的批准文号 37 523 个，实际使用了 23 038 个，批准文号使用率为 61.4%。表 8－3 反映了批准文号数量较多的抗微生物药制剂产品，分别是氟苯尼考粉有批准文号 1 529 个，实际使用了 1 159 个，批准文号使用率 75.8%；硫酸新霉素可溶性粉有批准文号 1 192 个，实际使用了 829 个，批准文号使用率 69.55%；阿莫西林可溶性粉有批准文号 1 123 个，实际使用了 871 个，批准文号使用率 77.56%；氟苯尼考注射液有批准文号 1 114 个，实际使用了 679 个，批准文号使用率 60.95%；恩诺沙星可溶性粉有批准文号 892 个，实际使用了 620 个，批准文号使用率 69.51%。

表 8－3　有效的批准文号数量较多的抗微生物药（化药制剂）产品名录

产品名称	有效 批准文号量/个	实际使用的 批准文号数/个	批准文号 使用率/%
氟苯尼考粉	1 529	1 159	75.80
硫酸新霉素可溶性粉	1 192	829	69.55
阿莫西林可溶性粉	1 123	871	77.56
氟苯尼考注射液	1 114	679	60.95
恩诺沙星可溶性粉	892	620	69.51

2. 抗寄生虫药

截至 2012 年年底，农业部共核发抗寄生虫药制剂有效的批准文号 7 917 个，实际使用了 4 617

个，批准文号使用率为58.31%。表8-4反映了批准文号数量较多的抗寄生虫药制剂产品，分别是磺胺氯吡嗪钠可溶性粉有批准文号1 045个，实际使用了642个，批准文号使用率61.44%；磺胺喹噁啉钠可溶性粉有批准文号736个，实际使用了507个，批准文号使用率68.89%；伊维菌素注射液有批准文号727个，实际使用了386个，批准文号使用率53.09%；地克珠利预混剂有批准文号436个，实际使用了294个，批准文号使用率67.43%；伊维菌素预混剂有批准文号298个，实际使用了159个，批准文号使用率53.36%。

表8-4　有效的批准文号数量较多的抗寄生虫药（化药制剂）产品名录

产品名称	有效的批准文号数/个	实际使用的批准文号数/个	批准文号使用率/%
磺胺氯吡嗪钠可溶性粉	1 045	642	61.44
磺胺喹噁啉钠可溶性粉	736	507	68.89
伊维菌素注射液	727	386	53.09
地克珠利预混剂	436	294	67.43
伊维菌素预混剂	298	159	53.36

3. 水产养殖用药

截至2012年年底，农业部共核发水产养殖用药制剂有效的批准文号5 725个，实际使用了2 928个，批准文号使用率为51.14%。表8-5反映了批准文号数量较多的水产养殖用药制剂产品，分别是聚维酮碘溶液（水产用）有批准文号295个，实际使用了190个，批准文号使用率64.41%；苯扎溴铵溶液（水产用）有批准文号285个，实际使用了177个，批准文号使用率62.11%；溴氯海因粉（水产用）有批准文号284个，实际使用了175个，批准文号使用率61.62%；阿维菌素溶液（水产用）有批准文号135个，实际使用了91个，批准文号使用率67.41%；戊二醛溶液（水产用）有批准文号106个，实际使用了52个，批准文号使用率49.06%。

表8-5　有效的批准文号数量较多的水产养殖用药（化药制剂）产品名录

产品名称	有效批准文号量/个	实际使用的批准文号数/个	批准文号使用率/%
聚维酮碘溶液（水产用）	295	190	64.41
苯扎溴铵溶液（水产用）	285	177	62.11
溴氯海因粉（水产用）	284	175	61.62
阿维菌素溶液（水产用）	135	91	67.41
戊二醛溶液（水产用）	106	52	49.06

4. 消毒药

截至2012年年底，农业部共核发消毒药制剂有效的批准文号3 278个，实际使用了2 293个，批准文号使用率为69.95%。表8-6反映了批准文号数量较多的消毒药制剂产品，分别是聚维酮碘溶液有批准文号778个，实际使用了688个，批准文号使用率88.43%；稀戊二醛溶液有批准文号371个，实际使用了293个，批准文号使用率78.98%；苯扎溴铵溶液有批准文号338个，实际使用了227个，批准文号使用率67.16%；三氯异氰脲酸粉有批准文号270个，实际使用了172个，批准文号使用率63.7%；癸甲溴铵溶液有批准文号126个，实际使用了52个，批准文号使用率41.27%。

表8-6　有效的批准文号数量较多的消毒药（化药制剂）产品名录

产品名称	有效的批准文号数/个	实际使用的批准文号数/个	批准文号使用率/%
聚维酮碘溶液	778	688	88.43
稀戊二醛溶液	371	293	78.98
苯扎溴铵溶液	338	227	67.16
三氯异氰脲酸粉	270	172	63.70
癸甲溴铵溶液	126	52	41.27

5. 解热镇痛抗炎药

截至2012年年底，农业部共核发解热镇痛抗炎药制剂有效的批准文号1 549个，实际使用了990个，批准文号使用率为63.91%。表8-7反映了批准文号数量较多的解热镇痛抗炎药制剂产品，分别是安乃近注射液有批准文号375个，实际使用了270个，批准文号使用率72%；地塞米松磷酸钠注射液有批准文号298个，实际使用了186个，批准文号使用率62.42%；对乙酰氨基酚注射液有批准文号252个，实际使用了138个，批准文号使用率54.76%；安痛定注射液有批准文号156个，实际使用了93个，批准文号使用率59.62%；复方氨基比林注射液有批准文号122个，实际使用了86个，批准文号使用率70.49%。

表8-7　有效的批准文号数量较多的解热镇痛抗炎药（化药制剂）产品名录

产品名称	有效的批准文号数/个	实际使用的批准文号数/个	批准文号使用率/%
安乃近注射液	375	270	72.00
地塞米松磷酸钠注射液	298	186	62.42
对乙酰氨基酚注射液	252	138	54.76
安痛定注射液	156	93	59.62
复方氨基比林注射液	122	86	70.49

6. 调节组织代谢药

截至2012年年底，农业部共核发调节组织代谢药制剂有效的批准文号1 845个，实际使用了1 110个，批准文号使用率为60.16%。表8-8反映了批准文号数量较多的调节组织代谢药制剂产品，分别是维生素C注射液有批准文号289个，实际使用了166个，批准文号使用率57.44%；复合维生素B注射液有批准文号270个，实际使用了160个，批准文号使用率59.26%；维生素B_1注射液有批准文号250个，实际使用了149个，批准文号使用率59.6%；亚硒酸钠维生素E预混剂有批准文号96个，实际使用了52个，批准文号使用率54.17%；亚硒酸钠维生素E注射液有批准文号93个，实际使用了57个，批准文号使用率61.29%。

表8-8 有效的批准文号数量较多的调节组织代谢药（化药制剂）**产品名录**

产品名称	有效的批准文号数/个	实际使用的批准文号数/个	批准文号使用率/%
维生素C注射液	289	166	57.44
复合维生素B注射液	270	160	59.26
维生素B_1注射液	250	149	59.60
亚硒酸钠维生素E预混剂	96	52	54.17
亚硒酸钠维生素E注射液	93	57	61.29

8.4 销售情况

8.4.1 总体情况

2012年，化药制剂销售额168.98亿元（表8-9）。其中，抗微生物药销售额123.77亿元；抗寄生虫药销售额18.31亿元；消毒药销售额9.06亿元；水产养殖用药销售额7.11亿元；解热镇痛抗炎药销售额3.45亿元；调节组织代谢药销售额2.44亿元；其他化药制剂销售额4.84亿元（表8-9，图8-4）。

表8-9 化药制剂销售额（按产品类别分类）

产品类别	销售额/亿元
抗微生物药	123.77
抗寄生虫药	18.31
消毒药	9.06
水产养殖用药	7.11
解热镇痛抗炎药	3.45
调节组织代谢药	2.44
其他	4.84
合计	168.98

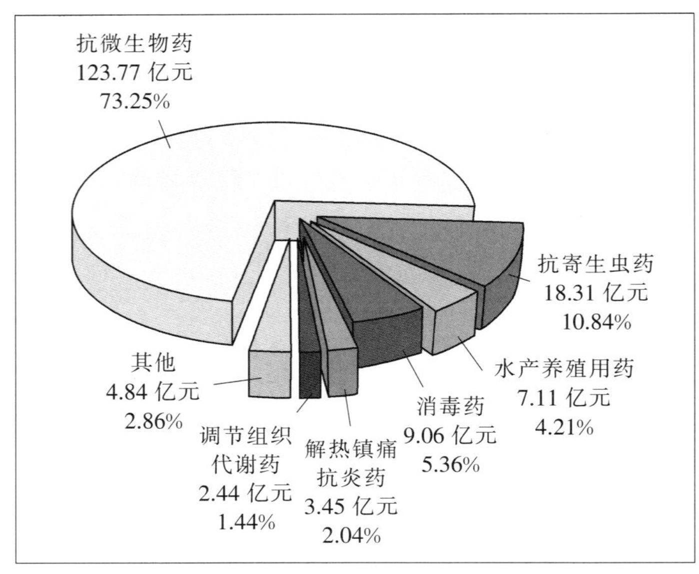

图 8－4　化药制剂市场份额分布（按产品类别分类）

8.4.2　主要产品

1. 抗微生物药

2012 年，抗微生物药制剂共实现销售额 123.77 亿元，占整个化药制剂市场份额 73.25%。2012 年抗微生物药制剂主要产品的销量和销售额分别是：氟苯尼考粉销售了 0.72 万吨，实现销售额 8.44 亿元；硫酸黏菌素预混剂销售了 2.35 万吨，实现销售额 4.99 亿元；氟苯尼考注射液销售了 0.06 亿升，实现销售额 4.51 亿元；杆菌肽锌预混剂销售了 2.76 万吨，实现销售额 3.64 亿元；阿莫西林可溶性粉销售了 0.52 万吨，实现销售额 4.29 亿元。上述五种产品共实现销售额 25.87 亿元，占整个抗微生物药制剂销售额的 20.9%，详见表 8－10。

表 8－10　抗微生物药（化药制剂）主要产品销量及销售额

产品名称	销量	销售额/亿元
氟苯尼考粉	0.72 万吨	8.44
硫酸黏菌素预混剂	2.35 万吨	4.99
氟苯尼考注射液	0.06 亿升	4.51
杆菌肽锌预混剂	2.76 万吨	3.64
阿莫西林可溶性粉	0.52 万吨	4.29
合计	—	25.87

2. 抗寄生虫药

2012 年，抗寄生虫药制剂共实现销售额 18.31 亿元，占整个化药制剂市场份额 10.84%。2012 年，抗寄生虫药制剂主要产品的销量和销售额分别是：盐霉素预混剂销售了 2.19 万吨，实现销售额2.78亿元；莫能菌素预混剂销售了0.79万吨，实现销售额1.97亿元；磺胺氯吡嗪钠可溶性粉销售了0.19万吨，实现销售额1.8亿元；伊维菌素注射液销售了0.02亿升，实现销售额1.41亿元；磺胺喹噁啉钠可溶性粉销售了0.002万吨，实现销售额0.01亿元。上述五种产品共实现销售额7.97亿元，占整个抗寄生虫药制剂销售额的43.53%，详见表8-11。

表8-11 抗寄生虫药（化药制剂）主要产品销量及销售额

产品名称	销量	销售额/亿元
盐霉素预混剂	2.19万吨	2.78
莫能菌素预混剂	0.79万吨	1.97
磺胺氯吡嗪钠可溶性粉	0.19万吨	1.80
伊维菌素注射液	0.02亿升	1.41
磺胺喹噁啉钠可溶性粉	0.002万吨	0.01
合计	—	7.97

3. 水产养殖用药

2012年，水产养殖用药制剂共实现销售额7.11亿元，占整个化药制剂市场份额4.21%。2012年水产养殖用药制剂主要产品的销量和销售额分别是：聚维酮碘溶液（水产用）销售了0.24亿升，实现销售额0.61亿元；恩诺沙星粉（水产用）销售了0.1万吨，实现销售额0.53亿元；苯扎溴铵溶液（水产用）销售了0.05亿升，实现销售额0.51亿元；溴氯海因粉（水产用）销售了0.22万吨，实现销售额0.33亿元；阿维菌素溶液（水产用）销售了0.04亿升，实现销售额0.32亿元。上述五种产品共实现销售额2.3亿元，占整个水产养殖用药制剂销售额的32.35%，详见表8-12。

表8-12 水产养殖用药（化药制剂）主要产品销量及销售额

产品名称	销量	销售额/亿元
聚维酮碘溶液（水产用）	0.24亿升	0.61
恩诺沙星粉（水产用）	0.10万吨	0.53
苯扎溴铵溶液（水产用）	0.05亿升	0.51
溴氯海因粉（水产用）	0.22万吨	0.33
阿维菌素溶液（水产用）	0.04亿升	0.32
合计	—	2.30

4. 消毒药

2012年，消毒药制剂共实现销售额9.06亿元，占整个化药制剂市场份额5.36%。2012年消毒药制剂主要产品的销量和销售额分别是：聚维酮碘溶液销售了0.37亿升，实现销售额2.47亿元；稀戊二醛溶液销售了0.12亿升，实现销售额0.82亿元；二氯异氰脲酸钠粉销售了0.5万吨，实现销售额0.74亿元；三氯异氰脲酸粉销售了0.24万吨，实现销售额0.62亿元；癸甲溴铵溶液销售了0.1亿升，实现销售额0.35亿元。上述五种产品共实现销售额5亿元，占整个消毒药制剂销售额的55.19%，详见表8-13。

表8-13　消毒药（化药制剂）主要产品销量及销售额

产品名称	销量	销售额/亿元
聚维酮碘溶液	0.37亿升	2.47
稀戊二醛溶液	0.12亿升	0.82
二氯异氰脲酸钠粉	0.50万吨	0.74
三氯异氰脲酸粉	0.24万吨	0.62
癸甲溴铵溶液	0.10亿升	0.35
合计	—	5.00

5. 解热镇痛抗炎药

2012年，解热镇痛抗炎药制剂共实现销售额3.45亿元，占整个化药制剂市场份额2.04%。2012年解热镇痛抗炎药制剂主要产品的销量和销售额分别是：安乃近注射液销售了403.64万升，实现销售额1.11亿元；地塞米松磷酸钠注射液销售了115.24万升，实现销售额0.48亿元；复方氨基比林注射液销售了103.9万升，实现销售额0.47亿元；对乙酰氨基酚注射液销售了134.84万升，实现销售额0.42亿元；安痛定注射液销售了157.69万升，实现销售额0.29亿元。上述五种产品共实现销售额2.77亿元，占整个解热镇痛抗炎药制剂销售额的80.29%，详见表8-14。

表8-14　解热镇痛抗炎药（化药制剂）主要产品销量及销售额

产品名称	销量/万升	销售额/亿元
安乃近注射液	403.64	1.11
地塞米松磷酸钠注射液	115.24	0.48
复方氨基比林注射液	103.90	0.47
对乙酰氨基酚注射液	134.84	0.42
安痛定注射液	157.69	0.29
合计	915.31	2.77

6. 调节组织代谢药

2012年，调节组织代谢药制剂共实现销售额2.44亿元，占整个化药制剂市场份额1.44%。

2012年调节组织代谢药制剂主要产品的销量和销售额分别是：亚硒酸钠维生素E预混剂销售了751.56吨，实现销售额0.96亿元；复合维生素B注射液销售了89.61万升，实现销售额0.45亿元；维生素C注射液销售了121.91万升，实现销售额0.39亿元；维生素B_1注射液销售了113.76万升，实现销售额0.28亿元；亚硒酸钠维生素E注射液销售了70.81万升，实现销售额0.14亿元。上述五种产品共实现销售额2.22亿元，占整个调节组织代谢药制剂销售额的90.98%，详见表8-15。

表8-15 调节组织代谢药（化药制剂）主要产品销量及销售额

产品名称	销量	销售额/亿元
亚硒酸钠维生素E预混剂	751.56吨	0.96
复合维生素B注射液	89.61万升	0.45
维生素C注射液	121.91万升	0.39
维生素B_1注射液	113.76万升	0.28
亚硒酸钠维生素E注射液	70.81万升	0.14
合计	—	2.22

8.5 产业集中度

8.5.1 综合集中度

2012年，化药制剂总销售额168.98亿元。销售额排名前10位的企业的销售额为42.3亿元，占化药制剂总销售额的25.03%（图8-5）。销售额排名前30位的企业的销售额为71.18亿元，占化药制剂总销售额的42.12%（图8-6）。销售额排名前50位的企业的销售额为89.03亿元，占化药制剂总销售额的52.69%（图8-7）。

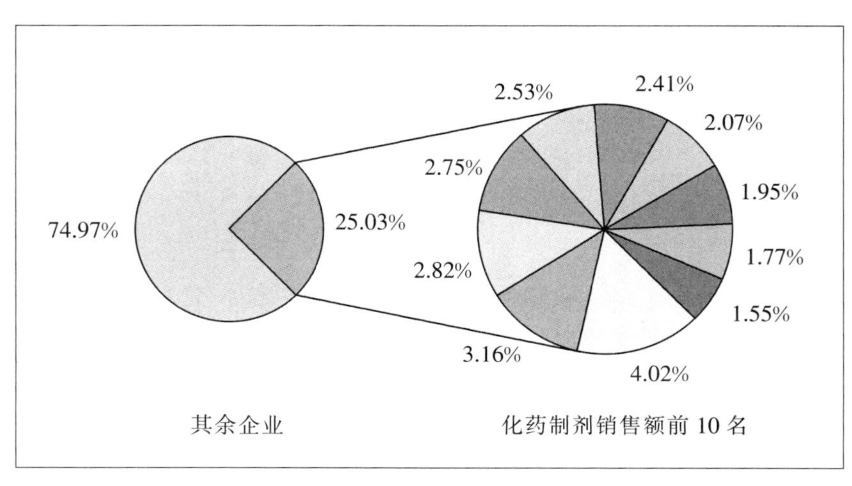

图8-5 化药制剂产业集中度（销售额前10名）

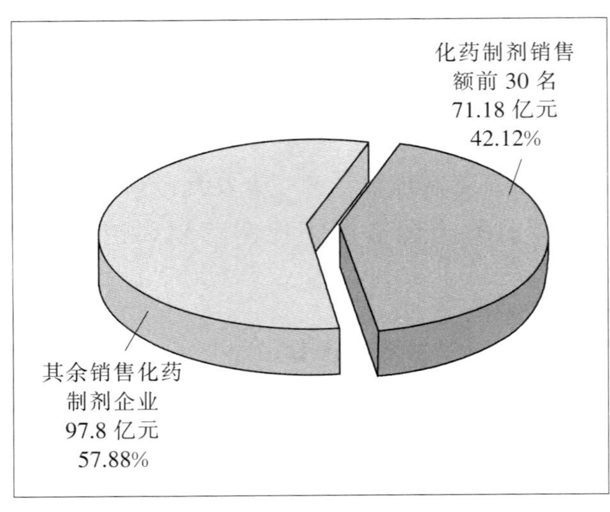

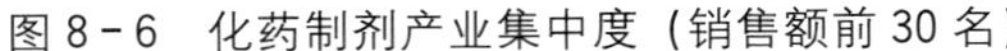
图 8－6　化药制剂产业集中度（销售额前 30 名）

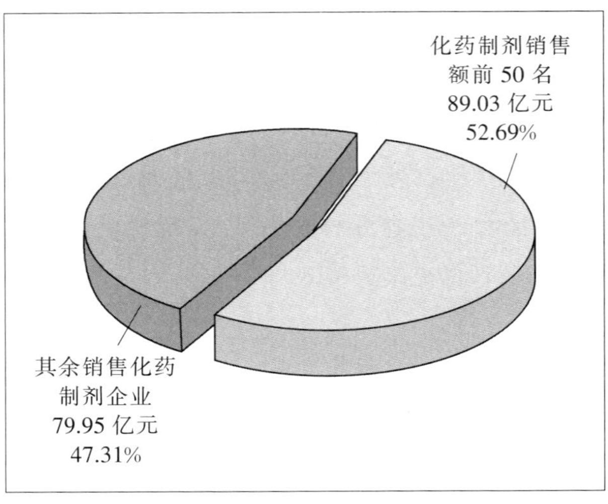

图 8－7　化药制剂产业集中度（销售额前 50 名）

8.5.2　企业排名与销售额对照表

为了方便企业了解自己在行业中的地位，同时又不透露企业信息，现将与排名情况相对应的销售额列举出来（表 8－16），方便企业通过销售额来了解本企业在行业中的排名情况。需要说明的是，若有集团下辖多家制剂厂的，每个制剂厂分别参与排名。

表 8－16　制剂企业排名与销售额对照表

排名	年销售额
前 10 名	2.62 亿元以上
前 20 名	1.33 亿元以上
前 30 名	1.1 亿元以上
前 40 名	0.91 亿元以上
前 50 名	0.71 亿元以上
前 100 名	0.38 亿元以上

第9章 中药制剂

本章共分为5小节，分别是生产能力及产能利用率、中药企业的经济效益、中药产品有效的批准文号数量及使用情况、中药的销售情况和中药产业集中度。

9.1 生产能力及产能利用率（表9－1）

表9－1 化药制剂和中药生产能力及产能利用率

产品剂型	年生产能力	年产量	产能利用率/%
片剂	2.39万吨	1.07万吨	44.77
注射液（含大输液）	5.77亿升	0.57亿升	9.88
注射用无菌粉针剂	1.21万吨	0.24万吨	19.83
粉（散）剂预混剂	93.50万吨	39.28万吨	42.01
口服液（合剂）	4.28亿升	0.96亿升	22.43
颗粒剂	5.04万吨	0.48万吨	9.52
消毒药（固体）	13.75万吨	5.38万吨	39.13
消毒药（液体）	10.31亿升	0.41亿升	3.98

9.2 经济效益

2012年中药企业实现产值46.48亿元，占化药企业总产值的13.57%，销售额43.11亿元，占化药企业总销售额的13.81%，毛利4.28亿元，占化药企业总毛利的6.15%，毛利率9.93%（图9－1，图9－2）。

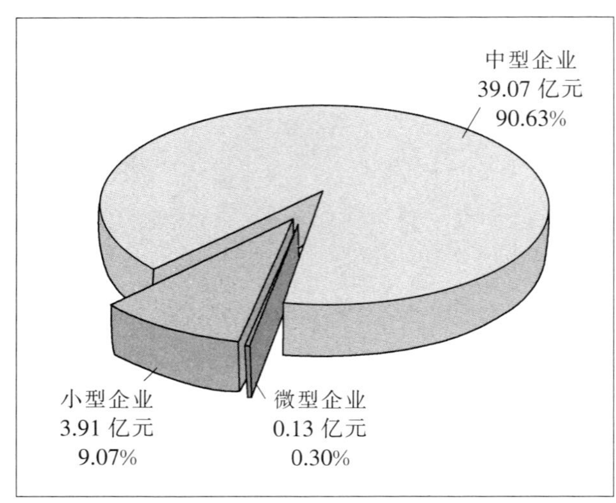

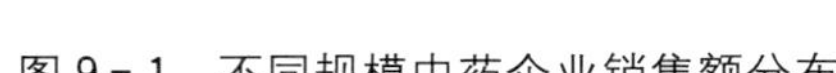
图 9－1　不同规模中药企业销售额分布

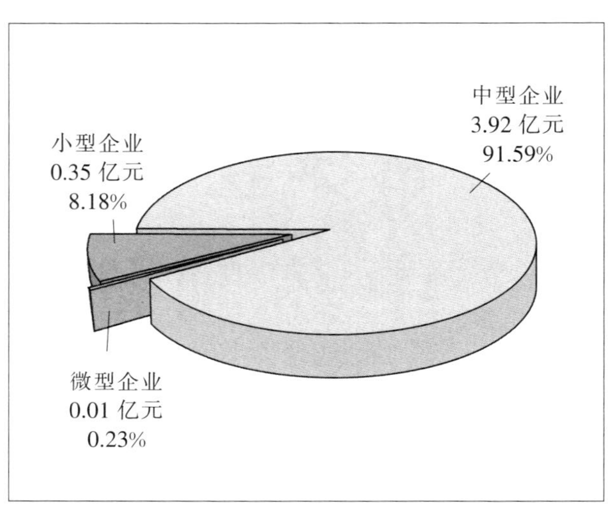

图 9－2　不同规模中药企业毛利分布

9.3　产品批准文号数量及使用情况

9.3.1　总体情况

截至2012年年底，农业部共核发中药有效的批准文号28 269个，2012年实际使用17 800个，批准文号使用率62.97%。散剂有效的批准文号23 404个，实际使用了14 600个，批准文号使用率62.38%；注射液有效的批准文号2 221个，实际使用了1 527个，批准文号使用率68.75%；合剂（口服液）有效的批准文号1 128个，实际使用了785个，批准文号使用率69.59%；颗粒剂有效的批准文号873个，实际使用了553个，批准文号使用率61.05%；片剂有效的批准文号498个，实际使用了289个，批准文号使用率58.03%；浸膏剂/流浸膏剂有效的批准文号61个，实际使用了31个，批准文号使用率50.82%；酊剂有效的批准文号45个，实际使用了24个，批准文号使用率53.33%；其他剂型的中药有效的批准文号39个，实际使用了11个，批准文号使用率28.21%，详见表9－2和图9－3。

表 9－2　中药有效的批准文号数量及使用情况

产品剂型	有效的批准文号数/个	实际使用的批准文号数/个	批准文号使用率/%
散剂	23 404	14 600	62.38
注射液	2 221	1 527	68.75
合剂（口服液）	1 128	785	69.59
颗粒剂	873	533	61.05
片剂	498	289	58.03
浸膏剂/流浸膏剂	61	31	50.82
酊剂	45	24	53.33
其他	39	11	28.21
合计	28 269	17 800	62.97

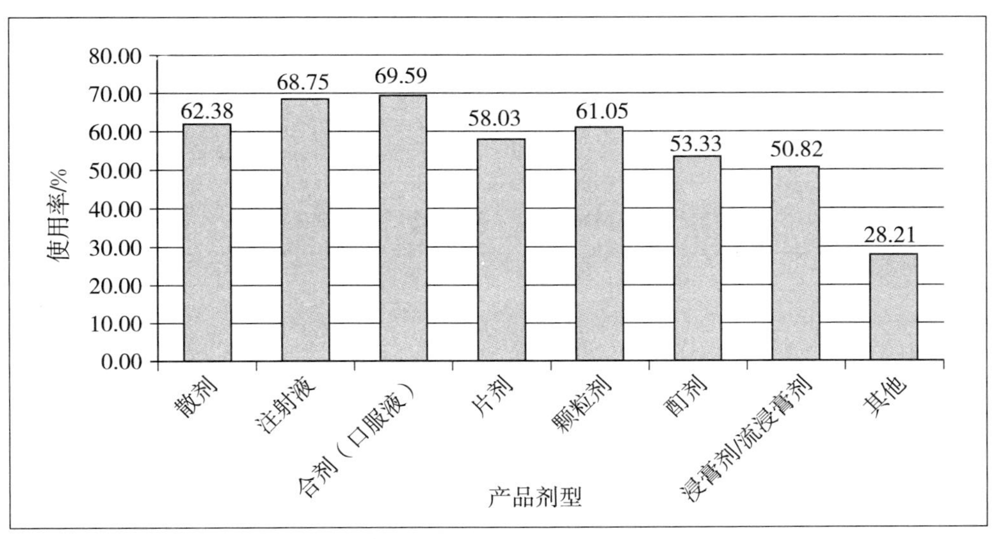

图 9-3　中药批准文号使用率

9.3.2　主要产品

1. 散剂

截至 2012 年年底，农业部共核发中药散剂有效的批准文号 23 404 个，实际使用了 14 600 个，中药散剂批准文号使用率为 62.38%。批准文号数量较多的中药散剂产品分别是：扶正解毒散有批准文号 861 个，实际使用了 687 个，批准文号使用率 79.79%；清瘟败毒散有批准文号 780 个，实际使用了 631 个，批准文号使用率 80.9%；白头翁散有批准文号 708 个，实际使用了 560 个，批准文号使用率 79.1%；黄连解毒散有批准文号 676 个，实际使用了 509 个，批准文号使用率 75.3%；荆防败毒散有批准文号 653 个，实际使用了 489 个，批准文号使用率 74.89%，详见表 9-3。

表 9-3　有效的批准文号数量较多的散剂（中药）产品名录

产品名称	有效的批准文号数/个	实际使用的批准文号数/个	批准文号使用率/%
扶正解毒散	861	687	79.79
清瘟败毒散	780	631	80.90
白头翁散	708	560	79.10
黄连解毒散	676	509	75.30
荆防败毒散	653	489	74.89

2. 注射液

截至 2012 年年底，农业部共核发中药注射液有效的批准文号 2 221 个，实际使用了 1 527 个，中药注射液批准文号使用率为 68.75%。批准文号数量较多的注射液产品分别是：黄芪多糖注射液有批准文号 555 个，实际使用了 390 个，批准文号使用率 70.27%；穿心莲注射液有批准文号 260 个，实际使用了 190 个，批准文号使用率 73.08%；柴胡注射液有批准文号 250 个，实际使用了183个，批准文号使用率73.2%；板蓝根注射液有批准文号235个，实际使用了183个，批准文号使用率77.87%，详见表9-4。

表9-4 有效的批准文号数量较多的注射液（中药）产品名录

产品名称	有效的批准文号数/个	实际使用的批准文号数/个	批准文号使用率/%
黄芪多糖注射液	555	390	70.27
穿心莲注射液	260	190	73.08
柴胡注射液	250	183	73.20
板蓝根注射液	235	183	77.87

3. 合剂

截至2012年年底，农业部共核发中药合剂有效的批准文号1 128个，实际使用了785个，中药合剂批准文号使用率为69.59%。批准文号数量较多的中药合剂产品分别是：双黄连口服液有批准文号274个，实际使用了219个，批准文号使用率79.93%；杨树花口服液有批准文号237个，实际使用了176个，批准文号使用率74.26%；清解合剂有批准文号143个，实际使用了102个，批准文号使用率71.33%；四逆汤有批准文号59个，实际使用了41个，批准文号使用率69.49%，详见表9-5。

表9-5 有效的批准文号数量较多的合剂（中药）产品名录

产品名称	有效的批准文号数/个	实际使用的批准文号数/个	批准文号使用率/%
双黄连口服液	274	219	79.93
杨树花口服液	237	176	74.26
清解合剂	143	102	71.33
四逆汤	59	41	69.49

4. 片剂

截至2012年年底，农业部共核发中药片剂有效的批准文号498个，实际使用了289个，中药片剂批准文号使用率为58.03%。批准文号数量较多的中药片剂产品分别是：清瘟败毒片有批准文号84个，实际使用了50个，批准文号使用率59.52%；黄连解毒片有批准文号81个，实际使用了57个，批准文号使用率70.37%；鸡痢灵片有批准文号53个，实际使用了28个，批准文号使用率52.83%；板蓝根片有批准文号52个，实际使用了34个，批准文号使用率65.38%；大黄碳酸氢钠片有批准文号52个，实际使用了27个，批准文号使用率51.9%，详见表9-6。

表9-6 有效的批准文号数量较多的片剂（中药）产品名录

产品名称	有效的批准文号数/个	实际使用的批准文号数/个	批准文号使用率/%
清瘟败毒片	84	50	59.52
黄连解毒片	81	57	70.37

（续）

产品名称	有效的批准文号数/个	实际使用的批准文号数/个	批准文号使用率/%
鸡痢灵片	53	28	52.83
板蓝根片	52	34	65.38
大黄碳酸氢钠片	52	27	51.90

5. 颗粒剂

截至2012年年底，农业部共核发中药颗粒剂有效的批准文号873个，实际使用了533个，中药颗粒剂批准文号使用率为61.05%。批准文号数量较多的中药颗粒剂产品分别是：板青颗粒有批准文号171个，实际使用了133个，批准文号使用率77.78%；甘草颗粒有批准文号144个，实际使用了103个，批准文号使用率71.53%；七清败毒颗粒有批准文号139个，实际使用了98个，批准文号使用率70.5%；四黄止痢颗粒有批准文号136个，实际使用了93个，批准文号使用率68.38%，详见表9-7。

表9-7 有效的批准文号数量较多的颗粒剂（中药）产品名录

产品名称	有效的批准文号数/个	实际使用的批准文号数/个	批准文号使用率/%
板青颗粒	171	133	77.78
甘草颗粒	144	103	71.53
七清败毒颗粒	139	98	70.50
四黄止痢颗粒	136	93	68.38

6. 酊剂/浸膏剂/流浸膏剂

截至2012年年底，农业部共核发酊剂/浸膏剂/流浸膏剂有效的批准文号106个，实际使用了55个，酊剂/浸膏剂/流浸膏剂批准文号使用率为51.89%。批准文号数量较多的酊剂/浸膏剂/流浸膏剂产品分别是：甘草流浸膏有批准文号35个，实际使用了21个，批准文号使用率60%；复方大黄酊有批准文号14个，实际使用了5个，批准文号使用率35.71%；远志酊有批准文号11个，实际使用了4个，批准文号使用率36.36%；陈皮酊有批准文号9个，实际使用了3个，批准文号使用率33.33%；大黄酊有批准文号5个，实际使用了3个，批准文号使用率60%，详见表9-8。

表9-8 有效的批准文号数量较多的酊剂/浸膏剂/流浸膏剂（中药）产品名录

产品名称	有效的批准文号数/个	实际使用的批准文号数/个	批准文号使用率/%
甘草流浸膏	35	21	60.00
复方大黄酊	14	5	35.71
远志酊	11	4	36.36
陈皮酊	9	3	33.33
大黄酊	5	3	60.00

9.4 销售情况

9.4.1 总体情况

表9－9数据显示，2012年中药产品共销售43.11亿元。其中，散剂销量为106 219.7吨，销售额27.36亿元；注射液销量为1 447.41万升，销售额6.06亿元；合剂（口服液）销量为3 301.87万升，销售额5.69亿元；片剂销量为2 257.21吨，销售额0.58亿元；颗粒剂销量为4 462.76吨，销售额3亿元；酊剂销量为47.89万升，销售额0.07亿元；浸膏剂/流浸膏剂销量为161.74吨加35.6万升，销售额0.28亿元；其他剂型（锭剂、丸剂等）的中药产品销售额0.07亿元（图9－4）。

表9－9 中药销量与销售额（按产品剂型分类）

产品类别	销量	销售额/亿元
散剂	106 219.70吨	27.36
注射液	1 447.41万升	6.06
合剂（口服液）	3 301.87万升	5.69
颗粒剂	4 462.76吨	3.00
片剂	2 257.21吨	0.58
酊剂	47.89万升	0.07
浸膏剂/流浸膏剂	161.74吨 35.60万升	0.28
其他	—	0.07
合计	—	43.11

注："—"表示此项无法汇总为具体数值。

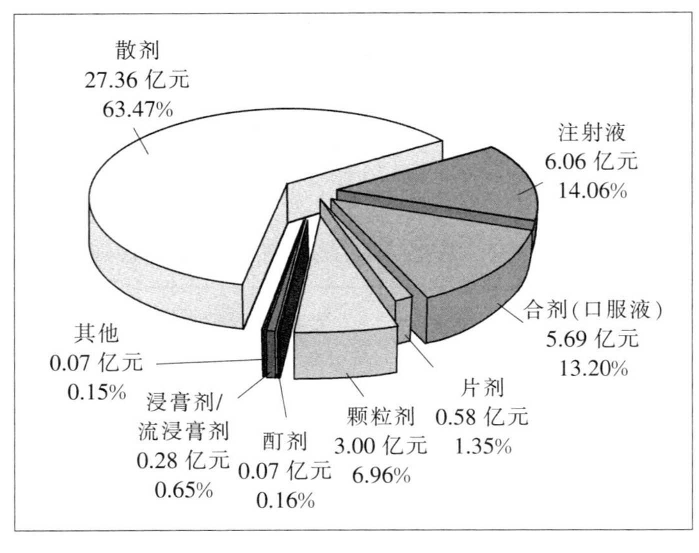

图9－4 中药市场份额分布

9.4.2 主要产品

1. 散剂

2012年，中药散剂销量106 219.7吨，销售额27.36亿元，散剂占中药市场份额的63.47%。2012年中药散剂主要产品的销量和销售额分别是：荆防败毒散销售5 619.93吨，销售额1.85亿元；扶正解毒散销售5 211.89吨，销售额1.66亿元；清瘟败毒散销售6 311.23吨，销售额1.41亿元；白头翁散销售6 236.32吨，销售额1.14亿元；黄连解毒散销售3 567.6吨，销售额1.09亿元；上述五种产品共销售了26 946.97吨，实现销售额7.15亿元，占整个中药散剂销售额的26.13%，详见表9-10。

表9-10 中药散剂主要产品销量及销售额

产品名称	销量/吨	销售额/亿元
荆防败毒散	5 619.93	1.85
扶正解毒散	5 211.89	1.66
清瘟败毒散	6 311.23	1.41
白头翁散	6 236.32	1.14
黄连解毒散	3 567.60	1.09
合计	26 946.97	7.15

2. 注射液

2012年，中药注射液销量1 447.41万升，销售额6.06亿元，占中药市场份额的14.06%。2012年注射液主要产品的销量和销售额分别是：黄芪多糖注射液销售434.84万升，销售额2.04亿元；穿心莲注射液销售155.27万升，销售额0.76亿元；鱼腥草注射液销售267.83万升，销售额0.74亿元；板蓝根注射液销售167.08万升，销售额0.66亿元；柴胡注射液销售157.02万升，销售额0.52亿元。上述五种产品共实现销量1 182.04万升，共实现销售额4.72亿元，占中药注射液销售额的77.89%，详见表9-11。

表9-11 中药注射液主要产品销量及销售额

产品名称	销量/万升	销售额/亿元
黄芪多糖注射液	434.84	2.04
穿心莲注射液	155.27	0.76
鱼腥草注射液	267.83	0.74
板蓝根注射液	167.08	0.66
柴胡注射液	157.02	0.52
合计	1 182.04	4.72

3. 合剂

2012年，中药合剂销量3 301.87万升，实现销售额5.69亿元，占中药市场份额的13.2%。2012年合剂主要产品的销量和销售额分别是：双黄连口服液销售1 054.02万升，销售额1.97亿元；杨树花口服液销售973.06万升，销售额0.99亿元；清解合剂销售264.1万升，销售额0.55亿元；四逆汤销售116.82万升，销售额0.3亿元；公英青蓝合剂销售27.35万升，销售额0.04亿元。上述五种产品共实现销量2 435.35万升，共实现销售额3.85亿元，占中药合剂总销售额的67.66%，详见表9-12。

表9-12　中药合剂主要产品销量及销售额

产品名称	销量/万升	销售额/亿元
双黄连口服液	1 054.02	1.97
杨树花口服液	973.06	0.99
清解合剂	264.10	0.55
四逆汤	116.82	0.30
公英青蓝合剂	27.35	0.04
合计	2 435.35	3.85

4. 片剂

2012年，中药片剂销量2 257.21吨，销售额0.58亿元，占中药市场份额的1.35%。2012年片剂主要产品的销量和销售额分别是：黄连解毒片销售387.51吨，销售额0.11亿元；清瘟败毒片销售253.67吨，销售额0.09亿元；板蓝根片销售268.3吨，销售额0.08亿元；大黄碳酸氢钠片销售346.63吨，销售额0.06亿元；鸡痢灵片销售130.07吨，销售额0.05亿元；上述五种产品共实现销量1 386.18吨，共实现销售额为0.39亿元，占中药片剂销售额的67.24%，详见表9-13。

表9-13　中药片剂主要产品销量及销售额

产品名称	销量/吨	销售额/亿元
黄连解毒片	387.51	0.11
清瘟败毒片	253.67	0.09
板蓝根片	268.30	0.08
大黄碳酸氢钠片	346.63	0.06
鸡痢灵片	130.07	0.05
合计	1 386.18	0.39

5. 颗粒剂

2012年，中药颗粒剂销量4 462.76吨，销售额3亿元，占中药市场份额的6.96%。2012年颗粒剂主要产品的销量和销售额分别是：七清败毒颗粒销售 850.2 吨，销售额 0.51 亿元；四黄止痢颗粒销售 625.9 吨，销售额 0.44 亿元；甘草颗粒销售 957.79 吨，销售额 0.42 亿元；板青颗粒销售 405.9 吨，销售额 0.25 亿元。上述四种产品共实现销量 2 839.79 吨，共实现销售额为 1.62 亿元，占中药颗粒剂销售额的 54%，详见表 9-14。

表 9-14 中药颗粒剂主要产品销量及销售额

产品名称	销量/吨	销售额/亿元
七清败毒颗粒	850.20	0.51
四黄止痢颗粒	625.90	0.44
甘草颗粒	957.79	0.42
板青颗粒	405.90	0.25
合计	2 839.79	1.62

6. 酊剂/浸膏剂/流浸膏剂

2012 年酊剂/浸膏剂/流浸膏主要产品的销售额分别是：甘草浸膏销售额 0.14 亿元；甘草流浸膏销售额 0.08 亿元；大黄流浸膏销售额 0.01 亿元；远志酊销售额 0.01 亿元。上述四种产品共实现销售额为 0.24 亿元，占酊剂/浸膏剂/流浸膏总销售额的 85.71%，详见表 9-15。

表 9-15 酊剂/浸膏剂/流浸膏剂主要产品销售额

产品名称	销售额/亿元
甘草浸膏	0.14
甘草流浸膏	0.08
大黄流浸膏	0.01
远志酊	0.01
合计	0.24

9.5 产业集中度

9.5.1 综合集中度

按销售额排名，2012 年，中药总销售额 43.11 亿元。销售额排名前 10 位的企业的销售额为 8.63 亿元，占中药总销售额的 20.02%（图 9-5）；中药销售额额排名前 30 位的企业的销售额为 15.29 亿元，占中药总销售额的 35.47%（图 9-6）；销售额排名前 50 位的企业的销售额为 19.06 亿元，占中药总销售额的 44.21%（图 9-7）。

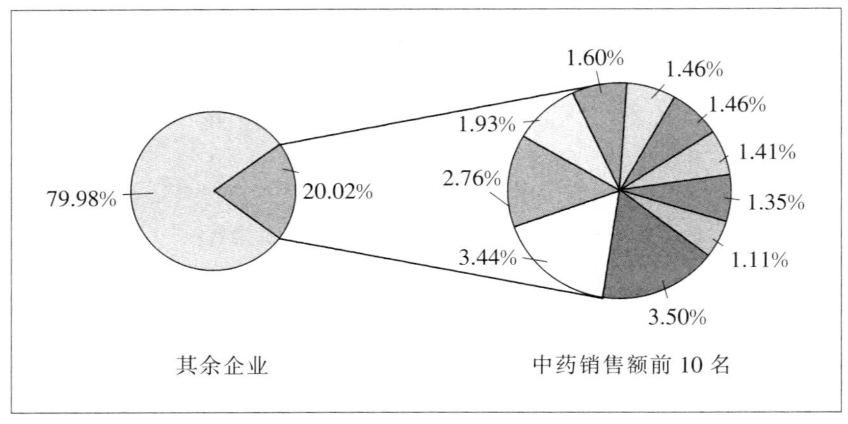

图 9-5 中药产业集中度（销售额前 10 名）

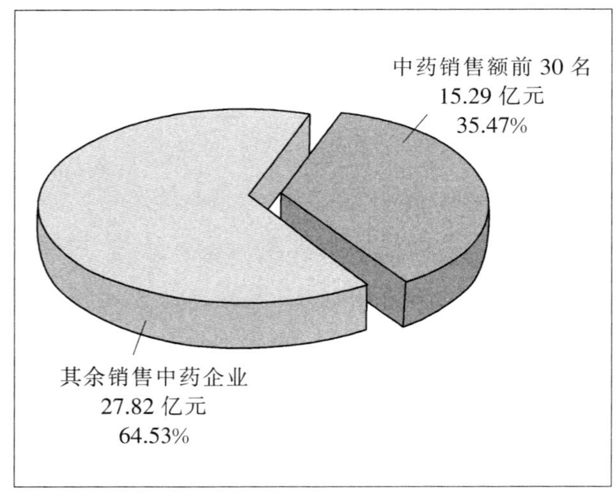

图 9-6 中药产业集中度（销售额前 30 名）

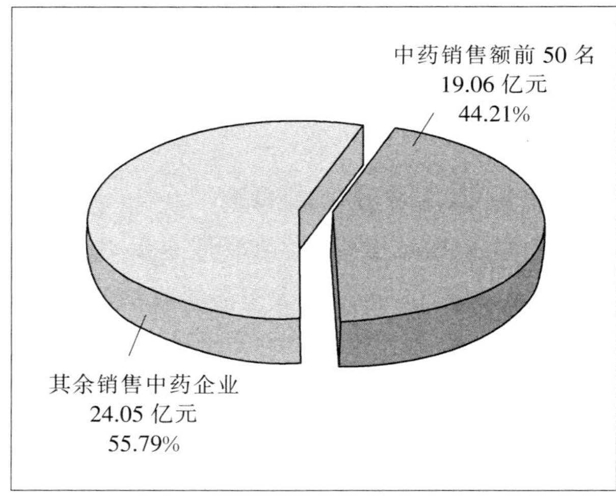

图 9-7 中药产业集中度（销售额前 50 名）

9.5.2 企业排名与销售额对照表

现将与排名情况相对应的销售额列举出来，方便企业通过销售额了解自己在行业中的排名情况（表 9-16）。需要说明的是，若有集团下辖多家中药厂的，每个中药厂分别参与排名。

表 9-16 中药企业排名与销售额对照表

排名	年销售额
前 10 名	0.58 亿元以上
前 20 名	0.33 亿元以上
前 30 名	0.25 亿元以上
前 40 名	0.18 亿元以上
前 50 名	0.17 亿元以上
前 100 名	932 万元以上

第 10 章 进出口情况

本章分进口情况和出口情况 2 个小节。其中，进口情况按产品类别和使用动物分别进行介绍。出口情况分原料药出口情况和化学制剂出口情况两部分。

10.1 进口情况

2012 年，进口兽药产品代理机构或境外兽药生产企业驻中国办事处均参与填报企业为 12 家。表 10－1、表 10－2 和图 10－1 分别从产品剂型和产品类别的角度介绍了化学药品的进口金额。

表 10－1 进口化学药品销量及销售额（按产品剂型分类）

产品剂型	销量	销售额/亿元
片剂	0.10 吨	0.02
注射液	536.86 万升	0.98
注射用无菌粉针剂	2.67 万单位	0.01
预混剂	668.10 吨	3.21
口服液	3.67 万升	0.31
其他	—	0.36
合计	—	4.89

按产品类别分类，2012 年药物饲料添加剂进口销售额 3.18 亿元，占进口化学药品销售总额的 65.03%；抗微生物药进口销售额 1.15 亿元，占进口化学药品销售总额的 23.52%；抗寄生虫药进口销售额 0.39 亿元，占进口化学药品销售总额的 7.98%。其他化学药品进口销售额 0.17 亿元，占进口化学药品销售总额的 3.48%。

药物饲料添加剂中，以下产品的进口金额在 1 000 万元以上：延胡索酸泰妙菌素预混剂、维吉尼亚霉素预混剂。

抗微生物药中，以下产品的进口金额在 1 000 万元以上：泰拉霉素、头孢噻呋晶体注射液、长效土霉素注射液。

表 10－2　进口化学药品销量及销售额（按产品类别分类）

单位：亿元

产品类别	2006 年	2007 年	2008 年	2009 年	2010 年	2011 年	2012 年
药物饲料添加剂	1.75	2.07	2.40	3.26	3.81	3.62	3.18
抗微生物药	0.07	0.42	0.52	1.04	0.65	0.76	1.15
抗寄生虫药	0.02	0.03	0.04	0.21	0.42	0.43	0.39
其他化学药品	0.02	0.05	0.11	0.12	0.27	0.16	0.17
合计	1.86	2.57	3.07	4.63	5.15	4.97	4.89

注：进口金额以人民币计价。

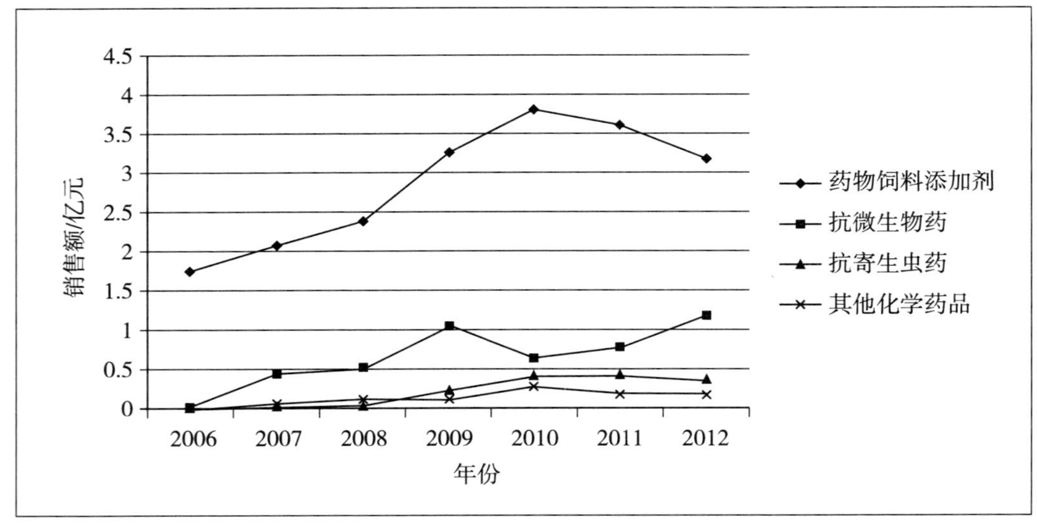

图 10－1　进口化学药品销售额（按产品类别分类）

10.2　出口情况

10.2.1　原料药

2012 年，我国共有 4 大类原料药出口到六大洲的 54 个国家，比 2011 年增加了 29 个国家，出口金额达 23.75 亿元，比 2011 年增加了 8.83 亿元，详见表 10－3 和表 10－4。

表 10－3　原料药出口情况（按出口目的地分类）

目的地	出口金额/万元	目的地	出口金额/万元
德国	40 019.29	菲律宾	1 175.95
巴西	22 287.60	加拿大	894.81

（续）

目的地	出口金额/万元	目的地	出口金额/万元
西班牙	19 776.80	土耳其	825.23
荷兰	19 613.66	哥伦比亚	812.34
意大利	18 269.85	波兰	700.00
美国	12 447.42	缅甸	640.00
智利	11 405.00	伊朗	626.00
印度尼西亚	9 699.17	埃及	528.68
墨西哥	9 238.27	古巴	452.90
印度	7 648.08	瑞士	394.40
越南	7 135.59	孟加拉国	345.15
比利时	6 835.00	尼日利亚	306.00
俄罗斯	5 536.68	马来西亚	235.10
日本	4 954.56	委内瑞拉	144.48
韩国	4 398.47	以色列	144.00
法国	3 423.51	厄瓜多尔	143.70
爱尔兰	3 194.00	柬埔寨	97.39
匈牙利	3 005.00	新加坡	95.00
南非	2 632.00	爱沙尼亚	40.12
希腊	2 522.00	黎巴嫩	35.18
阿根廷	2 324.11	斯里兰卡	33.53
泰国	2 314.32	也门	23.20
澳大利亚	2 294.60	沙特阿拉伯	17.23
秘鲁	2 218.70	加纳	16.08
英国	2 098.00	危地马拉	6.19
保加利亚	1 870.00	乌克兰	5.89
巴基斯坦	1 639.24	白俄罗斯	5.46
合计		237 544.93 万元	

注：出口金额以人民币计价。

在 23.75 亿元的原料药出口总额中，出口到欧洲 10.77 亿元，占出口总额的 45.35%，欧洲是原料药出口的最主要市场。除欧洲外，亚洲、南美洲、北美洲也是我国原料药产品的主要出口目的地，出口额均在 1 亿元以上（图 10－2）。

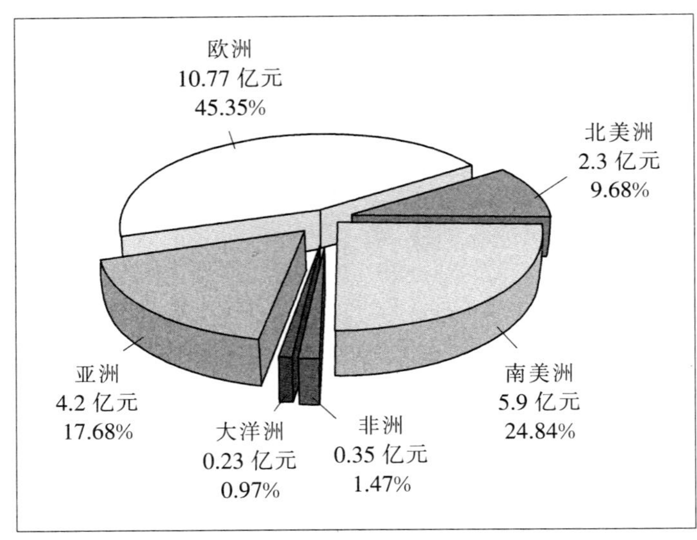

图 10－2 原料药出口情况（按出口目的地所在洲分类）

表 10－4 原料药出口情况（按产品类别分类）

产品类别		出口金额/万元
抗微生物药	头孢菌素类	4 375.91
	氨基糖苷类	10 387.57
	四环素类	85 215.10
	大环内酯类	50 578.96
	酰胺醇类	25 947.39
	多肽类	8 196.92
	磺胺类	9 229.70
	喹诺酮类	2 134.34
	其他	7 959.82
	小计	204 025.71
抗寄生虫药	苯并咪唑类	12 993.00
	阿维菌素类	10 751.00
	磺胺类	595.27
	离子载体类抗球虫药	898.00
	咪唑并噻唑类	1 942.00
	其他	6 028.45
	小计	33 207.72
	解热镇痛药	29.50
	中枢兴奋药	282.00
	合计	237 544.93

注：出口金额以人民币计价。

2012年，在23.75亿元的出口总额中，抗微生物药出口20.4亿元，占出口总额的85.89%；抗寄生虫药出口3.32亿元，占出口总额的13.98%；解热镇痛药和中枢兴奋药共出口0.03亿元，占出口总额的0.13%。

2012年，出口金额在5 000万元以上的原料药产品有：阿苯达唑、氟苯尼考、酒石酸泰乐菌素、硫氰酸红霉素、硫酸大观霉素、硫酸黏菌素、盐酸金霉素、盐酸多西环素、盐酸土霉素、伊维菌素10种产品。上述产品出口金额合计18.03亿元，占原料药总出口金额的75.92%，详见表10-4。

10.2.2 化药制剂

表10-5和表10-6反映了2012年化药制剂的出口情况。其中，表10-5介绍了出口目的地及其所对应的出口金额，表10-6介绍了出口产品类别及其所对应的出口金额。表10-5和表10-6数据显示，2012年，我国共有2大类化药制剂出口到六大洲的43个国家，比2011年增加了2个国家，出口金额达12.58亿元，比2011年增加了4.14亿元。

表10-5 化药制剂出口情况（按出口目的地分类）

目的地	出口金额/万元	目的地	出口金额/万元
比利时	42 458.00	尼日利亚	525.40
阿根廷	19 087.50	新加坡	483.20
巴西	18 564.55	荷兰	479.00
保加利亚	7 160.00	埃塞俄比亚	460.60
玻利维亚	5 000.00	马里	419.80
越南	4 970.19	日本	399.84
印度	4 716.00	土耳其	397.50
菲律宾	2 935.88	英国	302.70
马来西亚	2 239.76	智利	280.00
印度尼西亚	2 024.88	阿富汗	250.00
澳大利亚	1 992.34	意大利	218.20
哥伦比亚	1 523.26	古巴	180.00
德国	1 242.00	伊朗	96.00
泰国	1 239.71	斯里兰卡	93.91
南非	961.20	韩国	90.17
墨西哥	898.00	孟加拉国	54.40
苏丹	848.60	委内瑞拉	54.40
土库曼斯坦	704.00	加拿大	50.30
秘鲁	630.72	老挝	43.18
埃及	602.00	厄瓜多尔	40.80

（续）

目的地	出口金额/万元	目的地	出口金额/万元
巴基斯坦	559.21	约旦	13.60
马达加斯加	540.00		
	合计		125 830.80

注：出口金额以人民币计价。

2012年我国化药制剂出口12.58亿元。其中，出口到欧洲5.19亿元，占出口总额的41.26%。欧洲是化药制剂出口的最主要市场。除欧洲外，南美洲和亚洲也是我国化药制剂的主要出口目的地，非洲是我国化药制剂的次要出口目的地，大洋洲的澳大利亚和北美洲的加拿大也有少量出口（图10-3）。

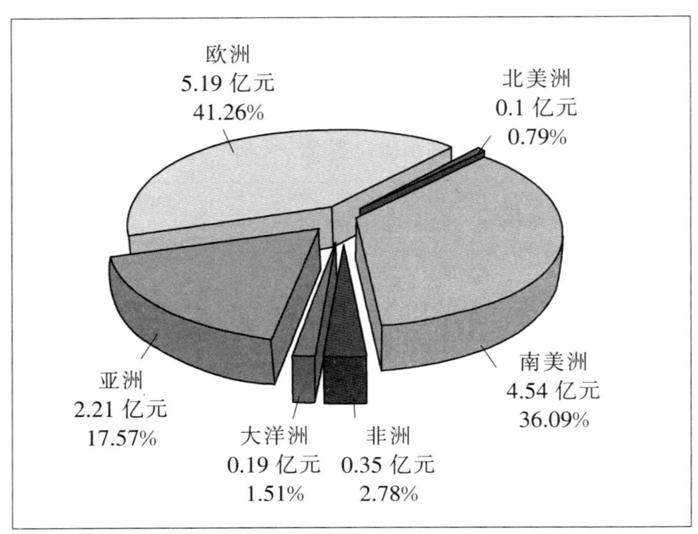

图10-3 化药制剂出口情况（按出口目的地所在洲分类）

2012年，在12.58亿元的出口总额中，抗微生物药品出口8.82亿元，占出口总额的70.11%；抗寄生虫药出口3.76亿元，占出口总额的29.89%，详见表10-6。

表10-6 化药制剂出口情况（按产品类别分类）

	产品类别	出口金额/万元
抗微生物药	氨基糖苷类	1 770.20
	四环素类	1 647.50
	大环内酯类	1 724.34
	林可胺类	35 694.88
	多肽类	44 053.79
	磺胺类	737.00
	喹诺酮类	109.62
	青霉素类	400.00
	其他	2 049.94
	小计	88 187.27

（续）

	产品类别	出口金额/万元
抗寄生虫药	苯并咪唑类	2 574.00
	阿维菌素类	1 251.00
	三嗪类抗球虫药	323.63
	离子载体类抗球虫药	31 956.26
	其他	1 538.64
	小计	37 643.53
	合计	125 830.80

注：出口金额以人民币计价。

附录

国内外兽药产业数据比较

1. 国际动物保健联盟（IFAH）数据显示，2012 年，除中国企业销售额外，全球兽药销售额为 225 亿美元。2004—2008 年，全球兽药产业销售额逐年增加，年复合增长率为 6.4%。2009 年，受到全球金融危机影响，导致销售额略有下降，2010 年开始至 2012 年底又呈上升趋势（附图 1-1）。

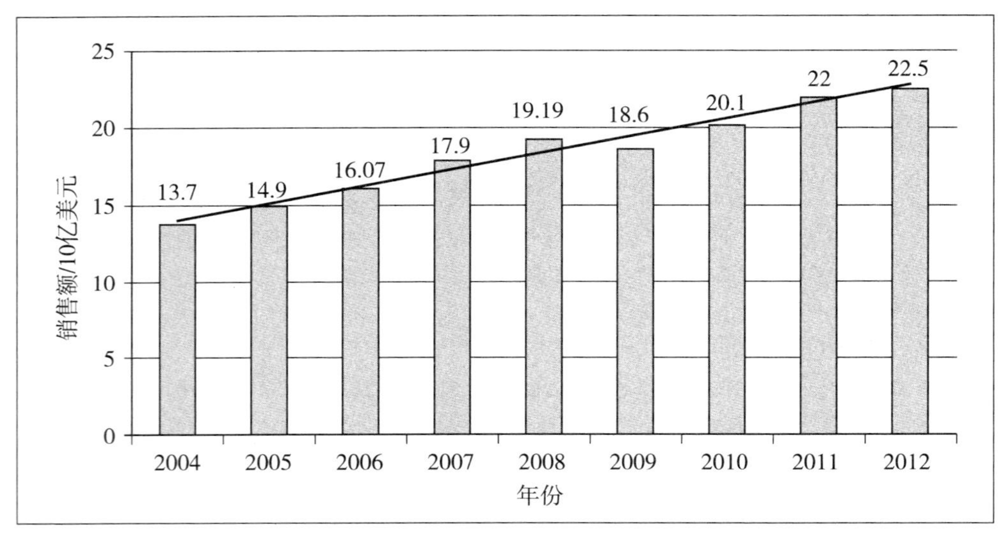

附图 1-1　2004—2012 年全球兽药产业销售额

（数据来源：国际动保联盟（IFAH），中国的数据未纳入）

2. 与我国兽药产业发展态势比较可知，2007—2012 年，我国兽药产业销售额年复合增长率为 6.21%。同期，全球兽药产业在不包括中国的情况下，销售额年复合增长率仅为 4.68%。国际兽药市场增长速度明显慢于我国兽药市场增长速度（附图 1-2）。

3. 从产品类别的角度分析，全球兽药市场，化学药品所占的份额最大。2012 年，化学药品（抗感染药、抗寄生虫药、其他化药）销售额为 139.5 亿美元，占全球兽药市场总销售额的 62%。药物饲料添加剂销售额 27 亿美元，占全球兽药市场总销售额的 12%，生物制品销售额 58.5 亿美元，占全球兽药市场总销售额的 26%，这与我国的情况类似。2012 年，我国生物制品销售额占我国兽药总销售额的 21.43%（附表 1-1）。

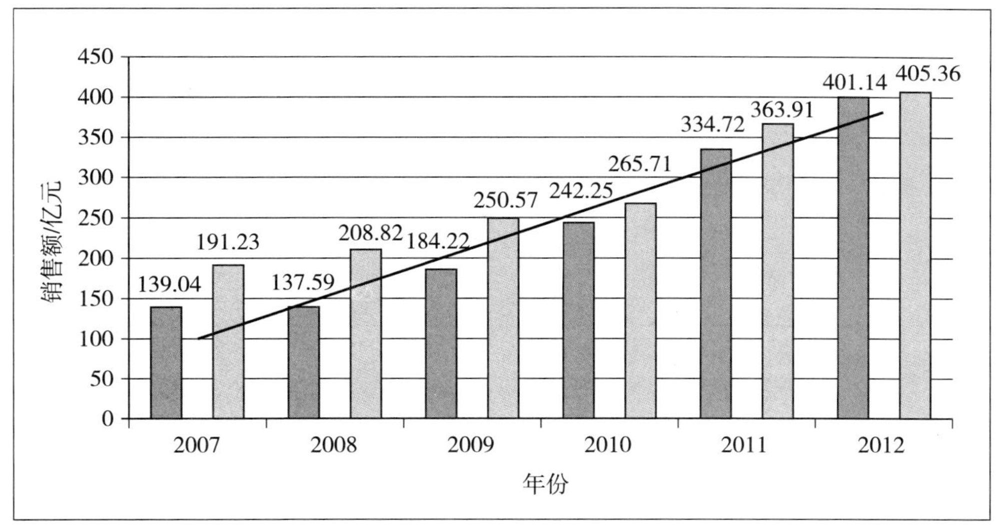

附图 1－2　2007—2012 年中国兽药产业销售额

（蓝色为系统中统计到的销售额；绿色为根据填报率修正后的销售额）

附表 1－1　2008—2012 年全球兽药产业销售额（按产品类别分类）

产品类别	2008 年		2009 年		2010 年		2011 年		2012 年	
	销售额/10 亿美元	占比率/%	销售额/10 亿美元	占比率/%	销售额/10 亿美元	占比率/%	销售额/10 亿美元	占比率/%	销售额/10 亿美元	占比率/%
药物饲料添加剂	2.15	11.20	2.20	11.83	2.42	12.03	2.64	12	2.70	12
生物制品	4.73	24.64	4.70	25.27	5.29	26.31	5.72	26	5.85	26
抗感染药	2.91	15.16	2.70	14.52	3.85	19.14				
抗寄生虫药	5.45	28.38	5.30	28.49	5.52	27.45	13.64	62	13.95	62
其他化药	3.96	20.62	3.70	19.89	3.03	15.07				
总计	19.2	100	18.60	100	20.11	100	22	100	22.50	100

数据来源：国际动保联盟（IFAH）；中国的数据未纳入。

4. 从使用动物的角度分析，全球兽药市场中宠物用兽药产品所占的份额最大。2012 年，宠物及其他兽药产品销售额为 92.2 亿美元，占全球兽药市场总销售额的 41 %。这与我国的情况存在很大不同。2012 年，我国宠物及其他兽药产品销售额占我国兽药总销售额不到 8%（附表 1－2）。

附表 1－2　2008—2012 年全球兽药产业销售额（按使用动物分类）

<table>
<tr><th rowspan="2">使用动物</th><th colspan="2">2008 年</th><th colspan="2">2009 年</th><th colspan="2">2010 年</th><th colspan="2">2011 年</th><th colspan="2">2012 年</th></tr>
<tr><th>销售额/10 亿美元</th><th>占比率/%</th><th>销售额/10 亿美元</th><th>占比率/%</th><th>销售额/10 亿美元</th><th>占比率/%</th><th>销售额/10 亿美元</th><th>占比率/%</th><th>销售额/10 亿美元</th><th>占比率/%</th></tr>
<tr><td>猪</td><td>3.14</td><td>16.34</td><td>3.30</td><td>17.74</td><td rowspan="4">11.87</td><td rowspan="4">59</td><td rowspan="4">13.20</td><td rowspan="4">60</td><td rowspan="4">13.28</td><td rowspan="4">59</td></tr>
<tr><td>牛</td><td>5.14</td><td>26.76</td><td>4.70</td><td>25.27</td></tr>
<tr><td>羊</td><td>0.92</td><td>4.79</td><td>0.80</td><td>4.30</td></tr>
<tr><td>禽</td><td>2.07</td><td>10.76</td><td>2.10</td><td>11.29</td></tr>
</table>

（续）

使用动物	2008年		2009年		2010年		2011年		2012年	
	销售额/10亿美元	占比率/%	销售额/10亿美元	占比率/%	销售额/10亿美元	占比率/%	销售额/10亿美元	占比率/%	销售额/10亿美元	占比率/%
宠物及其他	7.93	41.35	7.70	41.40	8.24	41	8.80	40	9.22	41
总计	19.20	100	18.60	100	20.11	100	22	100	22.50	100

数据来源：国际动保联盟（IFAH）；中国的数据未纳入。

图表目录

1. 图

图 1-1 历年首次通过 GMP 验收企业数 …… 9
图 1-2 不同规模生药企业数量及所占比重 …… 10
图 1-3 不同规模生药企业资产总额分布 …… 13
图 1-4 不同规模生药企业固定资产分布 …… 13
图 1-5 生药企业人力资源构成——学历 …… 14
图 1-6 生药企业人力资源构成——职称 …… 14
图 2-1 不同规模生药企业销售额分布 …… 15
图 2-2 不同规模生药企业毛利分布 …… 16
图 2-3 不同规模生药企业资产利润率 …… 16
图 2-4 不同规模生药企业毛利率 …… 17
图 2-5 生物制品产业集中度（销售额前 10 名） …… 17
图 2-6 禽用生物制品产业集中度（销售额前 10 名） …… 18
图 2-7 猪用生物制品产业集中度（销售额前 10 名） …… 18
图 2-8 牛、羊用生物制品产业集中度（销售额前 5 名） …… 19
图 3-1 生物制品新兽药证书核发情况 …… 20
图 3-2 生药企业研发人员配备情况 …… 24
图 3-3 生药企业研发方式选择情况 …… 24
图 3-4 生药企业研发资金使用方向 …… 25
图 3-5 生药企业资金投入方式 …… 25
图 4-1 禽用生物制品销售额占生物制品总销售额比重的年度比较 …… 28
图 4-2 禽用活疫苗和灭活疫苗销售额年度比较 …… 29
图 4-3 猪用生物制品销售额占生物制品总销售额比重的年度比较 …… 30
图 4-4 猪用活疫苗和灭活疫苗销售额年度比较 …… 31
图 4-5 牛、羊用生物制品销售额占生物制品总销售额比重的年度比较 …… 32
图 4-6 禽用强制免疫疫苗销量年度比较 …… 33
图 4-7 禽用强制免疫疫苗销售额年度比较 …… 33
图 4-8 猪用强制免疫疫苗销量年度比较 …… 34

图 4－9　猪用强制免疫疫苗销售额年度比较 …… 34
图 4－10　牛、羊强制免疫疫苗销量年度比较 …… 34
图 4－11　牛、羊强制免疫疫苗销售额年度比较 …… 34
图 5－1　2006—2012 年进口生物制品销售额 …… 37
图 5－2　进口生物制品销售额（按使用动物分类） …… 38
图 6－1　历年首次通过 GMP 验收企业数 …… 43
图 6－2　不同规模化药企业数量及所占比重 …… 44
图 6－3　不同规模原料药企业数量及所占比重 …… 44
图 6－4　不同规模制剂企业数量及所占比重 …… 44
图 6－5　不同规模中药企业数量及所占比重 …… 44
图 6－6　化药企业人力资源情况——学历 …… 45
图 6－7　化药企业人力资源情况——职称 …… 45
图 6－8　2007—2012 年化药企业产值 …… 46
图 6－9　2007—2012 年化药企业销售额 …… 46
图 6－10　不同规模化药企业资产利润率 …… 47
图 6－11　不同规模化药企业毛利率 …… 47
图 6－12　化药企业主要销售区域分布 …… 48
图 6－13　化学药品新兽药证书核发情况 …… 49
图 6－14　化药企业研发人员配备情况 …… 52
图 6－15　化药企业研发方式选择情况 …… 52
图 6－16　化药企业研发资金使用方向 …… 53
图 6－17　化药企业研发资金投入方式 …… 53
图 7－1　不同规模原料药企业销售额分布 …… 54
图 7－2　不同规模原料药企业毛利分布 …… 54
图 7－3　原料药批准文号使用率 …… 55
图 7－4　原料药市场份额分布（按产品类别分类） …… 57
图 7－5　原料药集中度（销售额前 10 名） …… 61
图 7－6　原料药集中度（销售额前 30 名） …… 61
图 8－1　不同规模制剂企业销售额分布 …… 63
图 8－2　不同规模制剂企业毛利分布 …… 63
图 8－3　化药制剂批准文号使用率 …… 64
图 8－4　化药制剂市场份额分布（按产品类别分类） …… 68
图 8－5　化药制剂产业集中度（销售额前 10 名） …… 71
图 8－6　化药制剂产业集中度（销售额前 30 名） …… 72
图 8－7　化药制剂产业集中度（销售额前 50 名） …… 72
图 9－1　不同规模中药企业销售额分布 …… 74
图 9－2　不同规模中药企业毛利分布 …… 74

图 9－3　中药批准文号使用率 …………………………………………………… 75
图 9－4　中药市场份额分布 …………………………………………………… 78
图 9－5　中药产业集中度（销售额前 10 名） ………………………………… 82
图 9－6　中药产业集中度（销售额前 30 名） ………………………………… 82
图 9－7　中药产业集中度（销售额前 50 名） ………………………………… 82
图 10－1　进口化学药品销售额（按产品类别分类） ………………………… 84
图 10－2　原料药出口情况（按出口目的地所在洲分类） …………………… 86
图 10－3　化药制剂出口情况（按出口目的地所在洲分类） ………………… 88
附图 1－1　2004—2012 年全球兽药产业销售额 ……………………………… 90
附图 1－2　2007—2012 年中国兽药产业销售额 ……………………………… 91

2. 表

表 0－1　各省（自治区、直辖市）填报情况一览表 ………………………… 2
表 1－1　生物制品生产能力及产能利用率 …………………………………… 10
表 1－2　生物制品批准文号数量及使用情况（按使用动物分类） ………… 11
表 1－3　产品批准文号数量较多的生物制品名录 …………………………… 11
表 1－4　高学历人才人数及所占比重 ………………………………………… 13
表 1－5　中、高级职称人才人数及所占比重 ………………………………… 14
表 2－1　生药企业排名与销售额对照表 ……………………………………… 19
表 3－1　2008—2012 年生物制品新兽药证书核发数量 ……………………… 20
表 3－2　2012 年二类生物制品新兽药名称及研制单位 ……………………… 21
表 3－3　2012 年三类生物制品新兽药名称及研制单位 ……………………… 21
表 3－4　2008—2012 年生药企业研发资金投入 ……………………………… 23
表 4－1　生物制品销量与销售额（按使用动物分类） ……………………… 26
表 4－2　疫苗产品销量（按使用动物分类） ………………………………… 27
表 4－3　疫苗产品销售额（按使用动物分类） ……………………………… 27
表 4－4　禽用生物制品销量与销售额（按产品类别分类） ………………… 28
表 4－5　禽用活疫苗和灭活疫苗销量与销售额（按产品类别分类） ……… 29
表 4－6　猪用生物制品销量与销售额（按产品类别分类） ………………… 30
表 4－7　猪用活疫苗和灭活疫苗销量与销售额（按产品类别分类） ……… 30
表 4－8　牛、羊用生物制品销量与销售额（按产品类别分类） …………… 32
表 4－9　牛、羊用活疫苗和灭活疫苗销量与销售额（按产品类别分类） … 32
表 4－10　生物制品销量与销售额（按产品类别分类） ……………………… 33
表 4－11　其他生物制品销量与销售额 ……………………………………… 35
表 4－12　主要常规苗销量与销售额 ………………………………………… 35
表 4－13　12 种主要常规苗市场份额 ………………………………………… 36

表5-1　进口生物制品销量及销售额（按产品类别分类）…… 38
表5-2　2012年出口生物制品销售额（按出口目的地分类）…… 39
表5-3　2008—2012年生物制品出口情况对照表 …… 39
表6-1　不同规模化药企业数量 …… 44
表6-2　化药企业资产总额及固定资产 …… 45
表6-3　2008—2012年化学药品新兽药证书核发数量 …… 48
表6-4　2012年一类化学药品新兽药名称及研制单位 …… 49
表6-5　2012年二类化学药品新兽药名称及研制单位 …… 50
表6-6　2012年三类化学药品新兽药名称及研制单位 …… 50
表6-7　2012年四类化学药品新兽药名称及研制单位 …… 50
表6-8　2012年五类化学药品新兽药名称及研制单位 …… 51
表6-9　2008—2012年化药企业研发资金投入 …… 51
表7-1　原料药生产能力及产能利用率 …… 54
表7-2　原料药有效的批准文号数量及使用情况 …… 55
表7-3　有效的批准文号数量较多的抗微生物药（原料药）产品目录 …… 56
表7-4　有效的批准文号数量较多的抗寄生虫药（原料药）产品目录 …… 56
表7-5　原料药销量与销售额（按产品类别分类）…… 57
表7-6　氟苯尼考原料药及相关制剂的销量与销售额 …… 58
表7-7　硫酸黏菌素原料药及相关制剂的销量与销售额 …… 58
表7-8　盐酸多西环素原料药及相关制剂的销量与销售额 …… 58
表7-9　恩诺沙星原料药及相关制剂的销量与销售额 …… 59
表7-10　阿维菌素原料药及相关制剂的销量与销售额 …… 59
表7-11　环丙氨嗪原料药及相关制剂的销量与销售额 …… 60
表7-12　伊维菌素原料药及相关制剂的销量与销售额 …… 60
表7-13　磺胺氯吡嗪钠原料药及相关制剂的销量与销售额 …… 60
表7-14　原料药企业排名与销售额对照表 …… 61
表8-1　化药制剂和中药生产能力及产能利用率 …… 62
表8-2　化药制剂有效的批准文号数量及使用情况 …… 63
表8-3　有效的批准文号数量较多的抗微生物药（化药制剂）产品名录 …… 64
表8-4　有效的批准文号数量较多的抗寄生虫药（化药制剂）产品名录 …… 65
表8-5　有效的批准文号数量较多的水产养殖用药（化药制剂）产品名录 …… 65
表8-6　有效的批准文号数量较多的消毒药（化药制剂）产品名录 …… 66
表8-7　有效的批准文号数量较多的解热镇痛抗炎药（化药制剂）产品名录 …… 66
表8-8　有效的批准文号数量较多的调节组织代谢药（化药制剂）产品名录 …… 67
表8-9　化药制剂销售额（按产品类别分类）…… 67
表8-10　抗微生物药（化药制剂）主要产品销量及销售额 …… 68
表8-11　抗寄生虫药（化药制剂）主要产品销量及销售额 …… 69

表 8－12　水产养殖用药（化药制剂）主要产品销量及销售额 …… 69
表 8－13　消毒药（化药制剂）主要产品销量及销售额 …… 70
表 8－14　解热镇痛抗炎药（化药制剂）主要产品销量及销售额 …… 70
表 8－15　调节组织代谢药（化药制剂）主要产品销量及销售额 …… 71
表 8－16　制剂企业排名与销售额对照表 …… 72
表 9－1　化药制剂和中药生产能力及产能利用率 …… 73
表 9－2　中药有效的批准文号数量及使用情况 …… 74
表 9－3　有效的批准文号数量较多的散剂（中药）产品名录 …… 75
表 9－4　有效的批准文号数量较多的注射液（中药）产品名录 …… 76
表 9－5　有效的批准文号数量较多的合剂（中药）产品名录 …… 76
表 9－6　有效的批准文号数量较多的片剂（中药）产品名录 …… 76
表 9－7　有效的批准文号数量较多的颗粒剂（中药）产品名录 …… 77
表 9－8　有效的批准文号数量较多的酊剂/浸膏剂/流浸膏剂（中药）产品名录 …… 77
表 9－9　中药销量与销售额（按产品剂型分类） …… 78
表 9－10　中药散剂主要产品销量及销售额 …… 79
表 9－11　中药注射液主要产品销量及销售额 …… 79
表 9－12　中药合剂主要产品销量及销售额 …… 80
表 9－13　中药片剂主要产品销量及销售额 …… 80
表 9－14　中药颗粒剂主要产品销量及销售额 …… 81
表 9－15　酊剂/浸膏剂/流浸膏剂主要产品销售额 …… 81
表 9－16　中药企业排名与销售额对照表 …… 82
表 10－1　进口化学药品销量及销售额（按产品剂型分类） …… 83
表 10－2　进口化学药品销量及销售额（按产品类别分类） …… 84
表 10－3　原料药出口情况（按出口目的地分类） …… 84
表 10－4　原料药出口情况（按产品类别分类） …… 86
表 10－5　化药制剂出口情况（按出口目的地分类） …… 87
表 10－6　化药制剂出口情况（按产品类别分类） …… 88
附表 1－1　2008—2012 年全球兽药产业销售额（按产品类别分类） …… 91
附表 1－2　2008—2012 年全球兽药产业销售额（按使用动物分类） …… 91

WANGMUTANG
旺牧堂
兽药连锁